Curso

*La diferencia entre aprobar
y sacar plaza*

Auxiliar de cuidadores

COMUNIDAD AUTÓNOMA DE GALICIA

Si aún no dispones de tu **Curso MAD360**, te ofrecemos un acceso GRATIS de 30 días para que disfrutes de los siguientes recursos:

- Técnicas de Memoria 360.
- MADTEST: Test *online* Nivel PRO.
- Temario en formato digital.
- Planificación de estudio.
- Foro entre opositores hasta la fecha del examen.*
- Recursos y novedades exclusivas.
- Consúltanos sobre tu oposición y proceso selectivo.
- Actualizaciones legislativas (Boletines Oficiales) hasta 60 días antes de la fecha del examen.*

Para acceder a esta prueba del Curso MAD360** será necesaria la compra de todos los libros para esta especialidad de la edición 2025.

Regístrate en **mad.es/iniciar-sesion** y en la pestaña MIS CURSOS valida los códigos que encuentras en la última página de tus libros.

NOTA IMPORTANTE:

* Examen de esta categoría profesional correspondiente a la convocatoria publicada en el DOG n.º 123, de 30 de junio de 2025, o hasta el 31 de agosto de 2026, lo que se cumpla antes, y previa renovación del servicio.

** El acceso al CURSO MAD360 estará disponible desde agosto de 2025 (algunos recursos podrían estar disponibles en fecha posterior). Tendrá una duración de 30 días RENOVABLES mediante pago, desde la validación de códigos, o hasta el 28 de febrero de 2027, lo que se cumpla antes.

MAD se reserva el derecho a ampliar dichas fechas.

Auxiliar de Cuidadores de la Comunidad Autónoma de Galicia

Septiembre, 2025

Auxiliar de Cuidadores de la Comunidad Autónoma de Galicia

Test del temario

Autores

JOSEFA GUILLERMA GANCEDO CONS
Licenciada en Derecho
Jefa de Servicio de Administración Empresarial en la Xunta de Galicia

FRANCISCO JESÚS TORRES FONSECA
Licenciado en Derecho

ROCÍO CLAVIJO GAMERO
Licenciada en Psicología

CONCEPCIÓN FERNÁNDEZ GONZÁLEZ
Profesora de Educación General Básica en Educación Especial

CARMEN ROSA JUNQUERA VELASCO
Diplomada Universitaria en Enfermería

© 7 Editores Recursos para la Cualificación Profesional y el Empleo, S.L. (7 Editores)
© Los autores
Primera edición, septiembre 2025 (282 páginas)
Derechos de edición reservados a favor de 7 Editores
IMPRESO EN ESPAÑA
Diseño Portada: 7 Editores
Edita: 7 Editores
Avda. San Francisco Javier, 9 · Edificio Sevilla 2 · Planta 11 · Módulos 25-27 · 41018 Sevilla
Teléfono: 954 784 411 · WEB: www.mad.es · e-mail: administracion@7editores.com
ISBN: 978-84-142-9886-2
© "Editorial Mad" y "Eduforma" son nombres comerciales registrados de
7 Editores Recursos para la Cualificación Profesional y el Empleo, S.L.

Índice

PARTE GENERAL

TEST N.º 1

La Constitución Española de 1978:
Títulos Preliminar, I, II y VIII

1. ¿En qué se fundamenta la Constitución Española?

a) En un Estado social y democrático de Derecho.
b) En la indisoluble unidad de la Nación española.
c) En la independencia de los poderes del Estado.
d) En la organización territorial del Estado.

2. Según el artículo 3 de la CE, el castellano es la lengua oficial del Estado y todos los Españoles:

a) Tienen el deber de usar y el derecho de conocer el castellano.
b) Tienen el derecho y el deber de conocer el castellano.
c) Tienen el deber de conocer y el derecho de usar el castellano.
d) Tienen el derecho de conocer y usar el castellano.

3. La Constitución Española reconoce y garantiza el derecho a la autonomía:

a) De las nacionalidades que la integran.
b) De las regiones que la integran.
c) De las Comunidades Autónomas que la integran.
d) De las nacionalidades y regiones que la integran.

4. El Preámbulo de la Constitución:

a) Tiene en sí carácter de norma jurídica.
b) Es una declaración de intenciones, destinada a interpretar lo que se quiere alcanzar con el contenido normativo de la Constitución.
c) Se trata de un texto sin fuerza jurídica de obligar.
d) Las respuestas b) y c) son correctas.

5. Señala la afirmación correcta, respecto de la aprobación, ratificación y publicación de la Constitución Española:

a) Aprobada por las Cortes el 31 de octubre de 1978, ratificada por el pueblo en referéndum el 6 de diciembre de 1978 y publicada el 29 de diciembre de 1978.
b) Aprobada por las Cortes el 30 de octubre de 1978, ratificada por el pueblo en referéndum el 16 de diciembre de 1978 y publicada el 27 de diciembre de 1978.
c) Aprobada por las Cortes el 31 de octubre de 1978, ratificada por el pueblo en referéndum el 16 de diciembre de 1978 y publicada el 29 de diciembre de 1978.
d) Aprobada por las Cortes el 10 de octubre de 1978, ratificada por el pueblo en referéndum el 26 de diciembre de 1978 y publicada el 30 de diciembre de 1978.

6. ¿En qué parte de la Carta Magna se establece la exposición de motivos que impulsan la norma constitucional y los objetivos que con ella se pretenden alcanzar?

a) En el Título preliminar.
b) En el Preámbulo.
c) En el Título I.
d) En el Título II.

7. La Constitución Española fue sancionada por:

a) El Rey.
b) El Presidente del Congreso.
c) Las Cortes Generales.
d) El Presidente del Gobierno.

8. ¿Cuáles de los siguientes españoles de origen pueden ser privados de su nacionalidad?

a) Exclusivamente los miembros de grupos terroristas.
b) Los miembros de grupos terroristas y los que atenten contra el Rey u otro miembro de la Casa Real.
c) Los que atenten contra un miembro de la Familia Real o del Gobierno de la Nación.
d) Ningún español de origen podrá ser privado de su nacionalidad.

9. Según la CE son fundamentos del orden político y la paz social:

a) La dignidad de la persona, los derechos violables que les son inherentes y el respeto a la ley.
b) La dignidad de la persona, el desarrollo limitado de la personalidad y el respeto a la ley.
c) El respeto a la ley, a los reglamentos administrativos y demás disposiciones legales.
d) La dignidad de la persona, los derechos inviolables que le son inherentes, el libre desarrollo de su personalidad, el respeto a la ley y a los derechos de los demás.

10. ¿Cuál de los siguientes es considerado por la CE como uno de los valores superiores del ordenamiento jurídico?

a) La jerarquía normativa.
b) El pluralismo político.
c) La publicidad normativa.
d) La equidad.

11. La forma política del Estado español es:

a) Democracia parlamentaria.
b) Gobierno parlamentario.
c) Monarquía parlamentaria.
d) República democrática.

12. La parte de la CE que regula la estructura de los principales órganos del Estado recibe el nombre de:

a) Parte dogmática.
b) Parte orgánica.
c) Parte estatal.
d) Parte estructural.

13. Según la CE, la soberanía nacional:

a) Corresponde a las Cortes Generales, al estar compuestas por los representantes del pueblo.
b) Corresponde al Rey.
c) Reside en el pueblo español.
d) Corresponde al Gobierno de la Nación elegido directamente por el pueblo.

14. El derecho a la propiedad según nuestra Constitución es un Derecho:

a) Inherente a la condición humana.
b) Absoluto.
c) Limitado por la función social de la misma.
d) Ninguna de las respuestas anteriores es correcta.

15. ¿En qué parte de la Carta Magna se señalan los valores superiores del ordenamiento jurídico?

a) En el Preámbulo.
b) En el Título Preliminar.
c) En el Título I.
d) Ninguna respuesta es correcta.

16. ¿Cuál de las siguientes es una de las características de nuestra Constitución de 1978?

a) Consensuada.
b) Corta.
c) Conservadora.
d) Originalidad.

17. Son el fundamento del orden político y de la paz social:

a) El libre desarrollo de la personalidad.
b) Los derechos inviolables que les son inherentes.
c) El respeto a la ley y a los derechos de los demás.
d) Todas las respuestas son correctas.

18. Las primeras elecciones democráticas celebradas en España tras la muerte de Franco tuvieron lugar en:

a) 1975.
b) 1976.
c) 1977.
d) 1978.

19. El referéndum en el que se aprobó popularmente la Constitución se llevó a efecto el:

a) 27 de diciembre de 1978.
b) 6 de diciembre de 1978.
c) 31 de octubre de 1978.
d) 29 de diciembre de 1979.

20. La ponencia encargada de redactar el borrador de la Constitución se constituyó en el:

a) Senado.
b) Senado y Congreso de los Diputados.
c) Congreso de los Diputados.
d) Gobierno de la Nación.

21. Si un poder público, en su actuación, infringe lo dispuesto en el Preámbulo de la Constitución:

a) Incurre en nulidad.
b) Incurre en inconstitucionalidad.
c) No pasa nada salvo que, como consecuencia de esa actuación, se infrinja un artículo de la propia Constitución.
d) Nada de lo anterior es cierto.

22. El principio en virtud del cual el ciudadano está amparado por una legislación no sujeta a continuos vaivenes es el de:

a) Legalidad.
b) Publicidad normativa.
c) Seguridad jurídica.
d) Jerarquía normativa.

23. El principio en virtud del cual un Reglamento no puede contradecir una ley es el de:

a) Legalidad.
b) Jerarquía normativa.
c) Las respuestas a) y b) son correctas.
d) Seguridad jurídica.

24. Según la Constitución, una norma que imponga una nueva pena más leve para un delito:

a) No se aplica retroactivamente.
b) Puede aplicarse retroactivamente.
c) Ha de ser reglamentaria.
d) Atenta contra el principio de legalidad penal si se aplica retroactivamente.

25. Todos los españoles, respecto al castellano, tienen el:

a) Derecho-deber de conocerlo.
b) Derecho de usar y deber de conocerlo.
c) Derecho-deber de usarlo.
d) Nada de lo anterior.

26. La capital del Estado en España es:

a) La propia de cada Comunidad Autónoma.
b) La villa de Madrid.
c) Aquella donde se establezca en cada momento el Gobierno de la Nación.
d) Aquella en la que resida generalmente el Rey.

27. El pluralismo político, para nuestra Constitución, es un/una:

a) Principio General del ordenamiento político.
b) Valor superior del ordenamiento jurídico.
c) Principio rector de la política social y económica.
d) Derecho fundamental.

28. La forma política del Estado español es:

a) Unitaria y regionalizada.
b) Federal.
c) La Monarquía Parlamentaria.
d) La propia de un Estado Social y Democrático.

29. La justicia, según nuestra Constitución, es un/una:

a) Principio de nuestro ordenamiento jurídico.
b) Valor superior del anterior.
c) Manifestación del Estado democrático.
d) Todo lo anterior.

30. Un español de origen puede perder esta nacionalidad:

a) Por sanción administrativa.
b) Cuando libremente renuncie a la misma.
c) Por condena penal.
d) En ningún caso.

31. Constituye el fundamento del orden público y de la paz social, según la Constitución, el/la/los:

a) Derechos inviolables inherentes a la persona.
b) Estado social y democrático de Derecho.
c) Seguridad jurídica.
d) Justicia.

32. Las Comunidades Autónomas deben usar o instalar la bandera española:

a) En sus edificios.
b) En los actos oficiales.
c) Cuando lo solicite el Delegado del Gobierno de la Nación en las mismas.
d) Cuando lo estimen oportuno.

33. Deben tener una estructura interna y un funcionamiento democrático los/las:

a) Partidos Políticos.
b) Colegios Profesionales.
c) Organizaciones Profesionales.
d) Todos ellos.

34. La defensa de la integridad territorial de España se atribuye por la Constitución a/al/a las:

a) Fuerzas y Cuerpos de Seguridad.
b) Fuerzas Armadas.

c) Gobierno de la Nación.
d) Todas las anteriores.

35. Según la Constitución, el Estado es:

a) Apolítico.
b) Aconfesional.
c) De bienestar social.
d) Federal.

36. El derecho a la vida se consagra en el siguiente artículo de la Constitución:

a) 10.
b) 16.
c) 15.
d) 24.

37. La pena de muerte en España:

a) Ha quedado abolida.
b) Puede aplicarse en cualquier momento.
c) Solo se aplicará, en tiempo de guerra, a los militares.
d) Rige solo en el ámbito civil.

38. La inmediata puesta a disposición judicial derivada del habeas corpus, se produce por:

a) Detención ilegal.
b) Prisión ilegal.
c) Prisión preventiva.
d) Detención preventiva.

39. El proceso en el que se enjuicie a un presunto delincuente debe:

a) Ser sumario.
b) No dilatarse.
c) Entorpecer los instrumentos probatorios.
d) Nada de lo anterior es cierto.

40. La entrada en un domicilio en caso de flagrante delito, sin autorización de su titular:

a) Puede dar lugar a la aplicación del habeas corpus.
b) Requiere autorización previa de la autoridad judicial.
c) Puede efectuarse en todo momento.
d) No puede realizarse en momento alguno.

41. Cuando, al conocerse la comisión de un delito por una persona, se acude a su domicilio para detenerla:

a) Está obligada a franquear la entrada.
b) Se necesitará autorización judicial para entrar, si no da su consentimiento para ello.
c) Pese a que no dé su consentimiento, se puede entrar.
d) Nada de lo anterior es correcto.

42. La autorización previa para celebrar una manifestación pública:

a) La da el Subdelegado del Gobierno en la Provincia.
b) Es ineludible.
c) Sería inconstitucional.
d) Se da cuando no se prevean alteraciones al orden público, con peligro para personas o bienes.

43. El tipo de sufragio que consagra la Constitución es el:

a) Proporcional.
b) Universal.
c) Censitario.
d) Las respuestas a) y b) son correctas.

44. Además de la no autoinculpación, la Constitución prevé que no se está obligado a declarar sobre un hecho presuntamente delictivo en caso de:

a) Parentesco y afinidad.
b) Cláusula de conciencia.
c) Secreto profesional.
d) Las respuestas a) y b) son correctas.

45. Los Tribunales de Honor están prohibidos respecto de los/la/las:

a) Sindicatos y Organizaciones Profesionales.
b) Administración Civil y Militar.
c) Organizaciones Profesionales y la Administración Civil.
d) Todas las respuestas anteriores son correctas.

46. El secreto profesional, constitucionalmente, sirve para:

a) Ejercer con libertad una profesión titulada.
b) La libertad de creación científica y técnica.
c) No declarar sobre hechos presuntamente delictivos.
d) Todo lo anterior.

47. La fundación de una Internacional Sindical por un sindicato español:

a) Es libre.
b) Está prohibida.
c) Debe plasmarse en un Tratado Internacional.
d) Nada de lo anterior es cierto.

48. El ejercicio del derecho de petición a través de una manifestación ciudadana:

a) No se admite.
b) Se admite en algún caso.
c) Se admite, salvo para los militares.
d) Ni se admite ni se prohíbe.

49. Nuestro sistema tributario ha de ser:

a) Regresivo e igualitario.
b) Progresivo y generalizado.
c) Confiscatorio.
d) Justo y regresivo.

50. La asistencia de todo orden a los hijos habidos extraconyugalmente:

a) No está prevista en la Constitución.
b) Es un deber de los padres.
c) Se dispensará por Instituciones de Beneficencia.
d) Se dispensa solo a los que de ellos tengan discapacidad.

51. La especulación urbanística, según la Constitución:

a) Debe evitarse.
b) Está permitida.
c) Genera plusvalías para la colectividad.
d) Pueden hacerla los poderes públicos.

52. No es susceptible de recurso de amparo el derecho a la/de:

a) Sindicación.
b) Investigación científica.
c) Secreto de las comunicaciones.
d) Lo son todos ellos.

53. No es susceptible de recurso de amparo el derecho de:

a) Libertad de cátedra.
b) Negociación colectiva.

c) Manifestación.
d) Huelga.

54. Es susceptible de recurso de amparo el derecho de/a la:

a) Libre sindicación.
b) Petición.
c) Cláusula de conciencia.
d) Lo están todos ellos.

55. Una vez declarado el estado de excepción no se puede suspender el derecho/ libertad de:

a) Huelga.
b) Enseñanza.
c) Adopción de medidas de conflicto colectivo.
d) Libertad de circulación.

56. Durante el estado de excepción, un detenido conserva el derecho de/a:

a) Setenta y dos horas para ser puesto a disposición judicial.
b) Secreto de comunicaciones.
c) Asistencia de Letrado.
d) Ninguno de ellos.

57. Se puede suspender, con motivo de investigaciones relativas a bandas armadas, el derecho de:

a) Huelga.
b) Inviolabilidad del domicilio.
c) Libertad de circulación.
d) Las respuestas b) y c) son correctas.

58. Según la Constitución Española, arbitra y modera el funcionamiento regular de las instituciones:

a) El Presidente del Gobierno.
b) El Rey.
c) El Estado.
d) Los tribunales de Justicia.

59. Las abdicaciones y renuncias se resolverán:

a) Por ley.
b) Por decreto ley.

c) Por decisión de las Cortes Generales.
d) Por ley orgánica.

60. Si no hubiese a quien corresponda la Regencia, esta será nombrada por:

a) Las Cortes Generales.
b) El Congreso de los Diputados.
c) El Senado.
d) El Gobierno.

61. No necesita de refrendo:

a) Declarar la guerra y hacer la paz.
b) Expedir los decretos acordados en Consejo de Ministros.
c) Nombrar y relevar a los miembros civiles y militares de la Casa Real.
d) Todos los actos del Rey necesitan refrendo.

62. ¿A quién corresponde manifestar el consentimiento del Estado para obligarse por medio de tratados?

a) Al Rey.
b) Al Gobierno.
c) Al Estado.
d) Al Presidente del Gobierno.

63. La asunción de funciones constitucionales por la Reina consorte:

a) Está prevista como regla general.
b) Depende de la voluntad del Rey.
c) Está prohibida.
d) Está limitada.

64. La tutoría del Rey puede recaer en:

a) Cualquier persona nombrada por las Cortes Generales, en su caso.
b) Sus hijos.
c) Una, tres o cinco personas.
d) Nada de lo anterior es cierto.

65. Una hija del Príncipe de Asturias ostentará este tratamiento:

a) Cuando su padre acceda a la condición de Rey, si es la primogénita, aunque tenga hermanos varones.
b) Al morir su padre.
c) Al acceder a Rey su padre, si no tiene hermano varón.
d) Cuando delegue en ella el propio Príncipe.

66. La Regencia se ejerce:

a) Por mandato del Rey.
b) En nombre de este.
c) Por mandato constitucional.
d) Las respuestas b) y c) son correctas.

67. La dirección de la defensa del Estado es competencia genuina del/de las:

a) Rey.
b) Fuerzas Armadas.
c) Gobierno de la Nación.
d) Todos ellos.

68. El refrendo de los actos del Rey está íntimamente relacionado con:

a) Su irresponsabilidad política.
b) Su inhabilitación.
c) La Regencia.
d) Sus poderes discrecionales.

69. En caso de que el Rey sea menor de edad:

a) No tomará posesión de su cargo hasta su mayoría de edad.
b) Ejercerá la Regencia el Príncipe heredero.
c) Ejercerá la Regencia su cónyuge.
d) Nada de lo anterior es cierto.

70. Si el Príncipe heredero tuviera descendientes y renunciara a sus derechos al trono:

a) Su cónyuge ejercería la Regencia hasta que su primogénito varón fuere mayor de edad.
b) Su cónyuge ejercería la Regencia hasta que dicho primogénito fuera proclamado Rey.
c) Se nombraría Princesa heredera a su hermana mayor, si la hubiere.
d) Nada de lo anterior es cierto.

71. La presidencia por el Rey de las reuniones del Consejo de Ministros:

a) Se permite solo respecto de las decisorias.
b) Ha de efectuarse a petición del Presidente del Gobierno de la Nación.
c) Está prevista constitucionalmente para dirigir la Administración Civil y Militar.
d) Las respuestas a) y b) son ciertas.

72. El juramento lo prestará el Rey ante el/las:

a) Cortes Generales.
b) Gobierno de la Nación.

c) Miembros de la Familia Real.
d) Pueblo español.

73. Si se agotan todas las líneas llamadas a la sucesión en la Corona de España, se:

a) Nombran Regentes.
b) Proveerá a la sucesión en la Corona por las Cortes Generales.
c) Proclama la República.
d) Establece una Dictadura.

74. La inhabilitación del Rey se reconoce por el/los/las:

a) Gobierno de la Nación.
b) Congreso de los Diputados.
c) Cortes Generales.
d) Tres Poderes constitucionales.

75. El Regente nombrado en defecto de padre, madre, pariente mayor de edad o Príncipe heredero mayor de edad se designa por el/las:

a) Propio Rey.
b) Cortes Generales.
c) Congreso de los Diputados.
d) Consejo de Regencia.

76. ¿Quién proveerá a la sucesión en la Corona en la forma que más convenga a los intereses de España cuando estén extinguidas todas las líneas llamadas en Derecho?

a) El Presidente del Gobierno.
b) El Senado.
c) El Congreso de los Diputados.
d) Las Cortes Generales.

77. Si no hubiere ninguna persona a quien corresponda la Regencia, esta será nombrada por las Cortes Generales, y se compondrá de:

a) Una única persona.
b) Una o dos personas.
c) Una, tres o cinco personas.
d) De tres a seis personas.

78. ¿De qué plazo dispone el Rey para sancionar las leyes aprobadas por las Cortes Generales?

a) Lo más rápido posible, con un máximo de 48 horas.
b) Un semana.
c) Quince días.
d) Un mes.

79. Según la Constitución, las Entidades que forman parte de la organización territorial del Estado tienen la nota común de:

a) Autogobierno.
b) Independencia.
c) Autonomía.
d) Financiación propia.

80. La titularidad de la soberanía española radica en el/las:

a) Cortes Generales como representantes del pueblo español.
b) Rey como Jefe del Estado.
c) Pueblo mismo.
d) Nacionalidades y regiones que integran España.

81. No pueden constituirse en Comunidades Autónomas los territorios:

a) Que no estén integrados en la organización provincial.
b) Que, no siendo superiores a una Provincia, tengan entidad regional histórica.
c) Que, no siendo superiores a una Provincia, no tengan entidad regional histórica.
d) Interinsulares.

82. La vía ordinaria de acceso a la autonomía por el artículo 143 de la Constitución se sigue por los/las:

a) Provincias con entidad regional histórica.
b) Territorios que en el pasado hubieren plebiscitado afirmativamente proyecto de Estatuto de Autonomía.
c) Provincia sin entidad regional histórica directamente.
d) Supuestos especiales de Ceuta, Melilla y Gibraltar.

83. Entre las determinaciones de los Estatutos de Autonomía no es necesario incluir la:

a) Delimitación de su territorio.
b) Denominación de las instituciones autónomas propias.
c) Denominación de la Comunidad.
d) Denominación, organización y sede de sus instituciones administrativas.

84. En las Comunidades Autónomas que siguen la vía común, el Proyecto de Estatuto será elaborado por la/los:

a) Asamblea de Parlamentarios que se constituye al efecto.
b) Comisión Constitucional del Congreso de los Diputados.
c) Diputación Provincial correspondiente.
d) Miembros de la Diputación u órgano interinsular y por los Diputados y Senadores elegidos por ellas.

85. El voto de ratificación por los Plenos del Senado y del Congreso de los Diputados se dará en el/las:

a) Comunidades Autónomas que siguen la vía común.
b) Comunidades Autónomas que siguen la vía especial.
c) Acceso a la autonomía de Ceuta y Melilla.
d) Acceso a la autonomía de Gibraltar.

86. La responsabilidad política del Presidente de una Comunidad Autónoma se exige por el/la:

a) Sala de lo Penal del Tribunal Supremo.
b) Congreso de los Diputados.
c) Tribunal Superior de Justicia de la Comunidad Autónoma.
d) Asamblea Legislativa de la Comunidad Autónoma.

87. La Asamblea Legislativa de las Comunidades Autónomas se elige:

a) Con criterios de representación territorial.
b) Con criterios de representación proporcional.
c) Por sufragio individual.
d) Con criterios de representación provincial.

88. Con el fin de corregir los desequilibrios económicos interterritoriales y hacer efectivo el principio de solidaridad, se constituye:

a) El Fondo de Compensación Interterritorial.
b) El Comité Económico Interterritorial.
c) El Consejo de Política Fiscal y Financiera.
d) El FASI.

89. Los Estatutos de Autonomía deberán contener el/la/las:

a) Competencias que se dejan al Estado y las que asume la Comunidad.
b) Competencias que, en función de la Constitución, asume cada Comunidad Autónoma.
c) Desarrollo de la Administración Autonómica.
d) División provincial y órganos de gobierno.

90. En la reforma de los Estatutos intervienen las Cortes Generales:

a) Siempre.
b) Nunca.
c) Solo cuanto se trata de Comunidades Autónomas que accedieron por la vía común.
d) En las Comunidades Autónomas de vía especial exclusivamente.

91. Los miembros de las Diputaciones u órganos interinsulares intervienen en la elaboración de los Estatutos de Autonomía:

a) En todo caso.
b) Nunca.
c) En las Comunidades Autónomas de vía común.
d) En las Comunidades Autónomas de vía especial.

92. Los Estatutos de Autonomía en la vía común se aprueban por el:

a) Congreso de los Diputados mediante ley orgánica.
b) Congreso de los Diputados y Senado por ley orgánica.
c) Congreso de los Diputados y Senado por ley ordinaria.
d) Parlamento Autonómico solamente.

93. La más alta representación de una Comunidad Autónoma la ostenta el:

a) Presidente del Parlamento Autonómico.
b) Presidente de la Comunidad Autónoma.
c) Rey.
d) Presidente del Gobierno de la Nación.

94. La asunción de competencias y de mayor autonomía por las Comunidades Autónomas es, como regla general:

a) Regresiva.
b) Progresiva.
c) Automática.
d) Inmediata.

95. En la elaboración por la vía común de los Estatutos de Autonomía:

a) No intervienen los Municipios afectados.
b) Intervendrán en todo caso.
c) Solo intervienen las Diputaciones Provinciales u órganos interinsulares.
d) Solo intervienen los Municipios y los Diputados y Senadores.

96. El principio de solidaridad consagrado por el artículo 138 de la Constitución exige una atención especial a:

a) Las Comunidades Autónomas de economía más deprimida.
b) Las Entidades de ámbito territorial inferior al municipal.
c) Todas las partes del territorio nacional.
d) Las Islas.

97. La federación de Comunidades Autónomas, según la Constitución:

a) Solo se permite respecto de las limítrofes.
b) Requiere Ley Orgánica de las Cortes Generales.
c) Ha de efectuarse previa reforma de la propia Constitución.
d) Está absolutamente prohibida.

98. De las siguientes materias, ¿cuáles no son competencia exclusiva del Estado?

a) Legislación sobre propiedad intelectual e industrial.
b) Fomento y coordinación general de la investigación científica y técnica.
c) Los montes y aprovechamientos forestales.
d) Defensa y Fuerzas Armadas.

Solución al test n.º 1

1. b) En la indisoluble unidad de la Nación española.

2. c) Tienen el deber de conocer y el derecho de usar el castellano.

3. d) De las nacionalidades y regiones que la integran.

4. d) Las respuestas b) y c) son correctas.

5. a) Aprobada por las Cortes el 31 de octubre de 1978, ratificada por el pueblo en referéndum el 6 de diciembre de 1978 y publicada el 29 de diciembre de 1978.

6. b) En el Preámbulo.

7. a) El Rey.

8. d) Ningún español de origen podrá ser privado de su nacionalidad.

9. d) La dignidad de la persona, los derechos inviolables que le son inherentes, el libre desarrollo de su personalidad, el respeto a la ley y a los derechos de los demás.

10. b) El pluralismo político.

11. c) Monarquía parlamentaria.

12. b) Parte orgánica.

13. c) Reside en el pueblo español.

14. c) Limitado por la función social de la misma.

15. b) En el Título Preliminar.

16. a) Consensuada.

17. d) Todas las respuestas son correctas.

18. c) 1977.

19. b) 6 de diciembre de 1978.

20. c) Congreso de los Diputados.

21. c) No pasa nada, salvo que, como consecuencia de esa actuación, se infrinja un artículo de la propia Constitución.

22. c) Seguridad jurídica.

23. c) Las respuestas a) y b) son correctas.

24. b) Puede aplicarse retroactivamente.

25. b) Derecho de usar y deber de conocerlo.

26. b) La villa de Madrid.

27. b) Valor superior del ordenamiento jurídico.

28. c) La Monarquía Parlamentaria.

29. b) Valor superior del anterior.

30. b) Cuando libremente renuncie a la misma.

31. a) Derechos inviolables inherentes a la persona.

32. b) En los actos oficiales.

33. d) Todos ellos.

34. b) Fuerzas Armadas.

35. b) Aconfesional.

36. c) 15.

37. a) Ha quedado abolida.

38. a) Detención ilegal.

39. b) No dilatarse.

40. c) Puede efectuarse en todo momento.

41. b) Se necesitará autorización judicial para entrar, si no da su consentimiento para ello.

42. c) Sería inconstitucional.

43. b) Universal.

44. c) Secreto profesional.

45. c) Organizaciones Profesionales y la Administración Civil.

46. c) No declarar sobre hechos presuntamente delictivos.

47. a) Es libre.

48. a) No se admite.

49. b) Progresivo y generalizado.

50. b) Es un deber de los padres.

51. a) Debe evitarse.

52. b) Investigación científica.

53. b) Negociación colectiva.

54. d) Lo están todos ellos.

55. b) Enseñanza.

56. c) Asistencia de Letrado.

57. b) Inviolabilidad del domicilio.

58. b) El Rey.

59. d) Por ley orgánica.

60. a) Las Cortes Generales.

61. c) Nombrar y relevar a los miembros civiles y militares de la Casa Real.

62. a) Al Rey

63. d) Está limitada.

64. a) Cualquier persona nombrada por las Cortes, en su caso.

65. c) Al acceder a Rey su padre, si no tiene hermano varón.

66. d) Las respuestas b) y c) son correctas.

67. c) Gobierno de la Nación.

68. a) Su irresponsabilidad política.

69. d) Nada de lo anterior es cierto.

70. c) Se nombraría Princesa heredera a su hermana mayor, si la hubiere.

71. b) Ha de efectuarse a petición del Presidente del Gobierno de la Nación.

72. a) Cortes Generales.

73. b) Proveerá a la sucesión en la Corona por las Cortes Generales.

74. c) Cortes Generales.

75. b) Cortes Generales.

76. d) Las Cortes Generales.

77. c) Una, tres o cinco personas.

78. c) Quince días.

79. c) Autonomía.

80. c) Pueblo mismo.

81. d) Interinsulares.

82. a) Provincias con entidad regional histórica.

83. d) Denominación, organización y sede de sus instituciones administrativas.

84. d) Miembros de la Diputación u órgano interinsular y por los Diputados y Senadores elegidos por ellas.

85. b) Comunidades Autónomas que siguen la vía especial.

86. d) Asamblea Legislativa de la Comunidad Autónoma.

87. b) Con criterios de representación proporcional.

88. a) El Fondo de Compensación Interterritorial.

89. b) Competencias que, en función de la Constitución, asume cada Comunidad Autónoma.

90. a) Siempre.

91. c) En las Comunidades Autónomas de vía común.

92. b) Congreso de los Diputados y Senado por ley orgánica.

93. b) Presidente de la Comunidad Autónoma.

94. b) Progresiva.

95. a) No intervienen los Municipios afectados.

96. d) Las Islas.

97. d) Está absolutamente prohibida.

98. c) Los montes y aprovechamientos forestales.

TEST N.º 2

**Ley Orgánica 1/1981, de 6 de abril, del Estatuto
de Autonomía de Galicia: Títulos Preliminar, I y II. Competencias:
exclusivas, desarrollo legislativo y ejecución**

1. La aprobación de los presupuestos de la Comunidad Autónoma de Galicia corresponde:

a) Al Presidente de la Xunta de Galicia.
b) A la Xunta de Galicia.
c) Al Congreso de los Diputados.
d) Al Parlamento de Galicia.

2. El Presidente del Tribunal Superior de Justicia de Galicia es nombrado:

a) Por el Presidente de la Junta, previo acuerdo del Parlamento de Galicia.
b) Por el Presidente del Gobierno, la propuesta de las Cortes Generales.
c) Por el Presidente del Gobierno, la propuesta del Consejo General del Poder Judicial.
d) Por el Rey, la propuesta del Consejo General del Poder Judicial.

3. El artículo 12.3 del Estatuto de Autonomía de Galicia dice que el Parlamento funcionará:

a) En Plenos y en Diputación Permanente.
b) En Plenos y en Comisiones, y se reunirá en sesiones ordinarias y extraordinarias.
c) En Plenos y en Mesas, y se reunirá en sesiones ordinarias.
d) En Pleno y en Diputación Permanente, y se reunirá en sesiones ordinarias y extraordinarias.

4. Como dice el artículo 15.3 del Estatuto de Autonomía de Galicia, el que propone al candidato a Presidente de la Xunta de Galicia es:

a) La Diputación Permanente.
b) El Parlamento Gallego en Pleno.

c) El Presidente del Parlamento.
d) El Rey.

5. Según el artículo 7.1 del Estatuto de Autonomía de Galicia, las comunidades gallegas asentadas fuera de Galicia podrán solicitar el reconocimiento de su galleguidad sin que en ningún caso implique la concesión de:

a) Derechos políticos.
b) Derechos culturales.
c) Subvenciones de la Xunta de Galicia.
d) Estatuto de autonomía.

6. En el marco de las normas básicas del Estado, corresponde a la Comunidad Autónoma:

a) El desarrollo legislativo y la ejecución del régimen de Radiodifusión y Televisión en los términos y casos establecidos en la Ley que regule el Estatuto Jurídico de la Radio y la Televisión.
b) El desarrollo legislativo y la ejecución del régimen de prensa y, en general, de todos los medios de comunicación social.
c) Son correctas a) y b).
d) No son correctas ninguna.

7. La Comunidad Autónoma de Galicia goza de autonomía plena. Indica que precepto constitucional fundamenta este proceso:

a) El artículo 143.
b) El artículo 151.
c) El artículo 148.
d) El artículo 150.

8. Indicar que Ley Orgánica aprobó el Estatuto de Autonomía de Galicia para que Galicia se constituyese en comunidad autónoma:

a) Ley Orgánica 1/1981, de 6 de abril.
b) Ley Orgánica 1/1982, de 6 de abril.
c) Ley Orgánica 1/1981, de 7 de abril.
d) Ley Orgánica 2/1981, de 6 de abril.

9. Los poderes de la Comunidad Autónoma de Galicia emanan de la Constitución, de su Estatuto de Autonomía y del:

a) Pueblo.
b) Gobierno.
c) Estado.
d) Municipio.

10. El Parlamento será elegido por un plazo de:

a) 2 años.
b) 4 años.
c) 5 años.
d) 3 años.

11. La bandera de Galicia es:

a) Blanca con una banda diagonal de color azul que la atraviesa desde el ángulo superior izquierdo hasta el inferior derecho.
b) Azul con una banda diagonal de color blanca que la atraviesa desde el ángulo superior izquierdo hasta el inferior derecho.
c) Blanca con una banda diagonal de color roja que la atraviesa desde el ángulo superior izquierdo hasta el inferior derecho.
d) Amarilla con una banda diagonal de color azul que la atraviesa desde el ángulo superior izquierdo hasta el inferior derecho.

12. El Estatuto de Autonomía de Galicia se estructura en:

a) Un Título Preliminar, 5 títulos más.
b) Un Título Preliminar, 4 títulos más.
c) Un Título Preliminar, 6 títulos más.
d) Cinco títulos.

13. El Título II del Estatuto de Autonomía de Galicia se refiere:

a) Al poder gallego.
b) A la Administración pública gallega.
c) A las competencias de Galicia.
d) A la economía y la hacienda.

14. La sede de las instituciones autonómicas se fijará:

a) Por ley del Parlamento de Galicia.
b) Por ley de las Cortes Generales.
c) Por decreto de la Xunta de Galicia.
d) Por acuerdo de la Xunta de Galicia.

15. ¿En qué artículo de la Constitución se consagra el derecho a la autonomía de las nacionalidades y regiones?

a) En el artículo 1.
b) En el artículo 2.
c) En el artículo 9.
d) Todas son falsas.

16. El Título VIII de la Constitución Española regula:

a) El gobierno y la administración.
b) La Corona.
c) La economía y hacienda.
d) La organización territorial del Estado.

17. Podrán acceder a su autogobierno y constituirse en Comunidades Autónomas:

a) Las provincias limítrofes con características históricas, culturales y económicas comunes.
b) Los territorios insulares.
c) Las provincias con entidad regional histórica.
d) Todas son correctas.

18. La doctrina mayoritaria afirma que el Estatuto de Autonomía es:

a) Una norma europea.
b) Una norma estatal.
c) Una norma autonómica.
d) Tanto una norma estatal, como una norma autonómica.

19. El Estatuto de Autonomía de Galicia se compone de:

a) 47 artículos.
b) 67 artículos.
c) 57 artículos.
d) 75 artículos.

20. Analizando las competencias de la Comunidad Autónoma gallega, la organización de las instituciones de autogobierno:

a) Es competencia exclusiva.
b) Es competencia concurrente.
c) Es competencia compartida.
d) Todas son falsas.

21. ¿Y la competencia sobre el régimen Jurídico de la Administración Pública de Galicia y régimen estatutario de sus funcionarios?

a) Es competencia exclusiva.
b) Es competencia concurrente.
c) Es competencia compartida.
d) Todas son falsas.

22 ¿Y la competencia sobre la ordenación del sector pesquero?

a) Es competencia exclusiva.
b) Es competencia concurrente.
c) Es competencia compartida.
d) Todas son falsas.

23. ¿Cuál de las siguientes no es una competencia compartida de la Comunidad Autónoma gallega?

a) Puertos pesqueros.
b) Régimen jurídico de los montes vecinales en mano común.
c) Establecimientos farmacéuticos.
d) Entidades cooperativas.

24. Aquellas competencias que ejerce de un modo exclusivo la Comunidad Autónoma y el Estado sobre una misma materia y que exigen, obviamente, una delimitación de cuál es el ámbito en el que una y otro ejercen con exclusividad sus respectivas competencias, se denominan:

a) Competencias exclusivas.
b) Competencias concurrentes.
c) Competencias compartidas.
d) No existen este tipo de competencias.

25. ¿Cuál de las siguientes afirmaciones no es correcta?

a) La Comunidad Autónoma gallega tiene competencias compartidas en materia de propiedad industrial.
b) La Comunidad Autónoma gallega tiene competencias compartidas en materia de ferias y mercados interiores.
c) La Comunidad Autónoma gallega tiene competencias exclusivas en materia de artesanía.
d) La Comunidad Autónoma gallega tiene competencias exclusivas en materia de promoción y la enseñanza de la lengua gallega.

26. La Ley 7/2011, de 27 de octubre, del turismo de Galicia desarrolla una competencia:

a) Exclusiva.
b) Concurrente.
c) Compartida.
d) Todas son falsas.

27. Sobre los puertos, aeropuertos y helipuertos calificados de interés general por el Estado, la Comunidad Autónoma de Galicia tiene competencia:

a) Exclusiva.
b) Concurrente.

c) Compartida.
d) Todas son falsas.

28. Corresponde a la Junta de Galicia:

a) Aprobar los reglamentos generales de sus propios tributos.
b) Elaborar las normas reglamentarias precisas para gestionar los impuestos estatales cedidos de acuerdo con los términos de dicha cesión.
c) Son correctas a) y b).
d) Ninguna es correcta.

29. Los poderes de la Comunidad Autónoma se ejercen a través de:

a) El Parlamento.
b) La Junta.
c) Su Presidente.
d) Todas son ciertas.

30. Son funciones del Parlamento de Galicia:

a) Ejercer la potestad legislativa de la Comunidad Autónoma.
b) Controlar la acción ejecutiva de la Junta, aprobar los presupuestos y ejercer las otras competencias que le sean atribuidas por la Constitución, por el Estatuto, por las leyes del Estado y las del Parlamento de Galicia.
c) Elegir de entre sus miembros al Presidente de la Junta de Galicia.
d) Todas son ciertas.

Solución al test n.º 2

1. d) Al Parlamento de Galicia.

2. d) Por el Rey, la propuesta del Consejo General del Poder Judicial.

3. b) En Plenos y en Comisiones, y se reunirá en sesiones ordinarias y extraordinarias.

4. c) El Presidente del Parlamento.

5. a) Derechos políticos.

6. c) Son correctas a) y b).

7. b) El artículo 151.

8. a) Ley Orgánica 1/1981, de 6 de abril.

9. a) Pueblo.

10. b) 4 años.

11. a) Blanca con una banda diagonal de color azul que la atraviesa desde el ángulo superior izquierdo hasta el inferior derecho.

12. a) Un título preliminar, 5 títulos más.

13. c) A las competencias de Galicia.

14. a) Por ley del Parlamento de Galicia.

15. b) En el artículo 2.

16. d) La organización territorial del Estado.

17. d) Todas son correctas.

18. d) Tanto una norma estatal, como una norma autonómica.

19. c) 57 artículos.

20. a) Es competencia exclusiva.

21. c) Es competencia compartida.

22. c) Es competencia compartida.

23. b) Régimen jurídico de los montes vecinales en mano común.

24. b) Competencias concurrentes.

25. b) La Comunidad Autónoma gallega tiene competencias compartidas en materia de ferias y mercados interiores.

26. a) Exclusiva.

27. d) Todas son falsas.

28. c) Son correctas a) y b).

29. d) Todas son ciertas.

30. d) Todas son ciertas.

TEST N.º 3

Ley 39/2015, de 1 de octubre, del Procedimiento Administrativo Común de las Administraciones Públicas: Títulos Preliminar, I, II, III, IV y V

1. Uno de los objetos que regula la Ley 39/2015, de 1 de octubre, es el procedimiento administrativo común a todas las Administraciones Públicas. ¿Cuál es la justificación jurídica de esta reserva material?

a) El Preámbulo de la Ley 30/1992, de 26 de noviembre, de Régimen Jurídico de las Administraciones Públicas y del Procedimiento Administrativo Común.
b) La Ley de Régimen Jurídico de la Administración del Estado, de 26 de julio de 1957.
c) El artículo 149.1.18 de la Constitución española de 1978.
d) La Ley de Procedimiento Administrativo de 17 de julio de 1958.

2. La Ley 39/2015, de 1 de octubre, tiene por objeto regular los requisitos de validez y eficacia de los actos administrativos. ¿A qué se refiere el concepto de validez de un acto administrativo?

a) La validez de un acto administrativo se refiere a la capacidad de este para generar efectos ante terceros.
b) La validez de un acto administrativo se refiere a que la notificación del mismo se haya practicado de forma satisfactoria.
c) La validez de un acto administrativo se refiere a que el acto administrativo se haya publicado si forma parte de un procedimiento selectivo o de concurrencia competitiva de cualquier tipo.
d) La validez de un acto administrativo se refiere a la adecuación a derecho de todos sus elementos.

3. El procedimiento administrativo común a todas las Administraciones Públicas, que es objeto de regulación por la Ley 39/2015, de 1 de octubre, ¿incluye el de reclamación de responsabilidad de las Administraciones Públicas?

a) No, el procedimiento de reclamación de responsabilidad de las Administraciones Públicas se regula en el Real decreto 1398/1993, de 4 de agosto, por el que se aprueba el Reglamento de los procedimientos de las Administraciones Públicas en materia de responsabilidad patrimonial.

b) Sí, el procedimiento de reclamación de responsabilidad de las Administraciones Públicas se incluye en el procedimiento administrativo común aunque la Ley 39/2015, de 1 de octubre, deriva su regulación al Real decreto 429/1993, de 26 de marzo, por el que se aprueba el Reglamento de los procedimientos de las Administraciones Públicas en materia de responsabilidad patrimonial.

c) No, solo incluye el procedimiento sancionador.

d) Sí.

4. ¿A qué capacidad se refiere el art. 3 de la Ley 39/2015, de 1 de diciembre, en relación con las personas físicas?

a) A la capacidad jurídica.

b) A la capacidad para ser titular de derechos subjetivos.

c) A la capacidad para ser titular de deberes jurídicos.

d) A la capacidad de obrar.

5. Los menores de edad, ¿tienen capacidad de obrar ante las Administraciones Públicas?

a) Sí, en todo caso, para el ejercicio y defensa de aquellos de sus derechos e intereses cuya actuación esté permitida por el ordenamiento jurídico sin la asistencia de la persona que ejerza la patria potestad, tutela o curatela.

b) No, en ningún caso; únicamente tendrán capacidad de obrar ante las Administraciones Públicas, las personas físicas mayores de edad no incapacitadas.

c) Sí, para el ejercicio y defensa de aquellos de sus derechos e intereses cuya actuación esté permitida por el ordenamiento jurídico sin la asistencia de la persona que ejerza la patria potestad, tutela o curatela, aunque sean menores incapacitados, siempre que la extensión de la incapacitación no afecte al ejercicio y defensa de los derechos o intereses de que se trate.

d) Sí, excepto los menores incapacitados.

6. Excepto el supuesto previsto por el artículo 3.b) de la Ley 39/2015, de 1 de octubre, los menores de edad no tienen capacidad de obrar ante las Administraciones Públicas, y necesitan de la asistencia de la persona que ejerza la patria potestad, tutela o curatela. En relación con la patria potestad, señala cuál de los siguientes enunciados es incorrecto:

a) La patria potestad, como responsabilidad parental, se ejercerá siempre en interés de los hijos, de acuerdo con su personalidad, y con respeto a sus derechos, su integridad física y mental.

b) El ejercicio de la patria potestad comprende representar a sus hijos y administrar sus bienes.

c) Los hijos emancipados están bajo la patria potestad de los progenitores.

d) Si los hijos tuvieren suficiente madurez deberán ser oídos siempre antes de adoptar decisiones que les afecten.

7. ¿Quiénes de los siguientes están sujetos a tutela?

a) Los menores emancipados que estén bajo la patria potestad.

b) Los menores no emancipados que no estén bajo la patria potestad.

c) Los menores emancipados que no estén bajo la patria potestad.

d) Los hijos no emancipados.

8. Tendrán capacidad de obrar ante las Administraciones Públicas las personas jurídicas que ostenten capacidad de obrar con arreglo a las normas civiles. ¿En qué momento adquirirán esta capacidad?

a) Desde el instante mismo en que, con arreglo a derecho, hubiesen quedado válidamente constituidas.

b) Las personas jurídicas adquirirán su capacidad de obrar en los mismos términos que las personas físicas.

c) En el momento en que finalice su personalidad.

d) Las personas jurídicas no tienen capacidad de obrar ante las Administraciones Públicas sino capacidad jurídica.

9. En aplicación del art. 3 de la Ley 39/2015, de 1 de octubre, NO tendrán capacidad de obrar ante las Administraciones Públicas:

a) Las personas físicas incapacitadas.

b) Las personas jurídicas que ostenten capacidad de obrar con arreglo a las normas civiles.

c) Los menores incapacitados, cuando la extensión de la incapacitación afecte al ejercicio y defensa de los derechos e intereses cuya actuación les estuviese permitida por el ordenamiento jurídico, sin la asistencia de la persona que ejerza la patria potestad, tutela o curatela.

d) Las asociaciones de interés público reconocidas por la ley.

10. Señala la respuesta incorrecta. La Administración está obligada a dictar resolución expresa en todos los procedimientos y a notificarla cualquiera que sea su forma de iniciación. En los casos de prescripción, renuncia del derecho, caducidad del procedimiento o desistimiento de la solicitud, así como la desaparición sobrevenida del objeto del procedimiento, la resolución consistirá, conforme al artículo 21.1 de la Ley 39/2015, de 1 de octubre, de Procedimiento Administrativo Común de las Administraciones Públicas:

a) En la declaración de la circunstancia que concurra en cada caso.

b) Con indicación de los hechos producidos.

c) Con indicación de las normas aplicables.

d) Con indicación de las pruebas practicadas.

11. La Administración está obligada a dictar resolución expresa en todos los procedimientos y a notificarla cualquiera que sea su forma de iniciación. Se exceptúan de esta obligación, de acuerdo con el artículo 21.1 de la Ley 39/2015, de 1 de octubre, de Procedimiento Administrativo Común de las Administraciones Públicas:

a) Los supuestos de terminación del procedimiento por pacto o convenio.

b) Los procedimientos relativos al ejercicio de derechos sometidos únicamente al deber de declaración responsable o comunicación a la Administración.

c) Los procedimientos sancionadores.

d) Las respuestas a) y b) son correctas.

12. El plazo máximo en el que debe notificarse la resolución expresa, conforme al artículo 21.1 de la Ley 39/2015, de 1 de octubre, de Procedimiento Administrativo Común de las Administraciones Públicas será:

a) El fijado por la norma reguladora del correspondiente procedimiento.

b) No podrá exceder de seis meses salvo que una norma con rango de ley establezca uno mayor.

c) No podrá exceder de seis meses salvo que venga previsto en la normativa comunitaria europea.

d) Será de tres meses.

13. De acuerdo con el artículo 21.3.a) de la Ley 39/2015, de 1 de octubre, de Procedimiento Administrativo Común de las Administraciones Públicas, el plazo máximo en el que debe notificarse la resolución expresa se contarán en los procedimientos iniciados de oficio:

a) Desde la fecha del acuerdo de iniciación.

b) Desde la fecha en que la solicitud haya tenido entrada en el registro del órgano competente para su tramitación.

c) Desde la fecha en que la solicitud haya tenido entrada en el registro del órgano receptor de la solicitud.

d) Desde la fecha de notificación del acuerdo de iniciación.

14. El plazo máximo en el que debe notificarse la resolución expresa se contarán en los procedimientos a solicitud del interesado:

a) Desde la fecha del acuerdo de iniciación.

b) Desde la fecha en que la solicitud haya tenido entrada en el registro del órgano competente para su tramitación o desde la fecha en que la solicitud haya tenido entrada en el registro electrónico de la Administración u Organismo competente para su tramitación.

c) Desde la fecha en que la solicitud haya tenido entrada en el registro del órgano receptor de la solicitud.

d) Desde la fecha de notificación del acuerdo de iniciación.

15. En todo caso, las Administraciones Públicas informarán a los interesados del plazo máximo normativamente establecido para la resolución y notificación de los procedimientos, así como de los efectos que pueda producir el silencio administrativo, incluyendo dicha mención en la notificación o publicación del acuerdo de iniciación de oficio, o en comunicación que se les dirigirá al efecto dentro de:

a) Los diez días siguientes a la recepción de la solicitud en el registro del órgano competente para su tramitación.

b) Los diez días siguientes a la recepción de la solicitud en el registro del órgano receptor.

c) Los diez días naturales siguientes a la recepción de la solicitud en el registro del órgano competente para su tramitación o en el registro electrónico de la Administración u Organismo competente para su tramitación.

d) Los diez días naturales siguientes a la recepción de la solicitud en el registro del órgano receptor.

16. Conforme al artículo 30.2 de la Ley 39/2015, de 1 de octubre, de Procedimiento Administrativo Común de las Administraciones Públicas, siempre que por ley o en el Derecho de la Unión Europea no se exprese otra cosa, cuando los plazos se señalen por días, se entiende que estos son:

a) Hábiles, excluyéndose del cómputo los sábados, domingos y los declarados festivos.

b) Naturales, y se hará constar esta circunstancia en las correspondientes notificaciones.

c) Hábiles, excluyéndose del cómputo los domingos y los declarados festivos.

d) De fecha a fecha.

17. Señala la respuesta incorrecta. De acuerdo con el artículo 30.2 de la Ley 39/2015, de 1 de octubre, de Procedimiento Administrativo Común de las Administraciones Públicas, si el plazo se fija en meses o años, estos se computarán:

a) A partir del día siguiente a aquel en que tenga lugar la notificación del acto de que se trate.

b) A partir del día siguiente a aquel en que tenga lugar la publicación del acto de que se trate.

c) Desde el día siguiente a aquel en que se produzca la estimación o desestimación por silencio administrativo.

d) Desde el día en que se produzca la estimación o desestimación por silencio administrativo.

18. Los registros telemáticos permitirán la entrada de documentos electrónicos a través de redes abiertas de telecomunicación todos los días del año:

a) Durante las veinticuatro horas del día.

b) Desde las 20 a las 24 horas.

c) Desde las 00 hasta las 8 horas.
d) Desde las 15 hasta las 24 horas.

19. En el procedimiento administrativo, si los plazos se expresan en días, conforme a la Ley 39/2015, de 1 de octubre, del Procedimiento Administrativo Común de las Administraciones Públicas:

a) Se entenderán hábiles excluyéndose los domingos.
b) Se entenderán hábiles excluyéndose los sábados, los domingos y festivos.
c) Se entenderán naturales.
d) Se computarán todos los días del plazo.

20. Si en el mes de vencimiento, no hubiera día equivalente a aquel en que comienza el plazo, este plazo se entenderá que expira:

a) El subsiguiente día hábil.
b) El primer día del mes sucesivo.
c) El día siguiente.
d) El último día del mes.

21. Si el último día del plazo en meses o en años fuere inhábil:

a) Se computa el plazo hasta el último día hábil.
b) Se computará el plazo con un día menos.
c) Se prorrogará al primer día hábil siguiente.
d) Al computarse de fecha a fecha se incluirá en el cómputo.

22. Los plazos expresados en días comenzarán a computarse:

a) A partir del día de la fecha de la notificación.
b) A partir del día siguiente a aquel en que tenga lugar la notificación o publicación del acto de que se trate.
c) A partir de la fecha indicada en la notificación.
d) A partir de la fecha en que se haya dictado.

23. Tal y como establece la Ley 39/2015, de 1 de octubre, cuando los plazos se señalen por horas, se entienden que son hábiles:

a) Todas las horas del día que formen parte de un día hábil.
b) Desde las 9:00 hasta 20:00 horas de cada día hábil.
c) Los plazos se computan por días, no por horas.
d) Todas las horas del día que formen parte un día (excepto domingos y festivos).

24. Señala la respuesta incorrecta. Según el artículo 35 de la Ley 39/2015, de 1 de octubre, de Procedimiento Administrativo Común de las Administraciones Públicas, serán motivados, con sucinta referencia de hechos y fundamentos de Derecho:

a) Los actos que limiten derechos subjetivos o intereses legítimos.

b) Los actos que resuelvan procedimientos de revisión de oficio de disposiciones o actos administrativos, recursos administrativos, reclamaciones previas a la vía judicial y procedimientos de arbitraje.

c) Los actos que se separen del criterio seguido en actuaciones precedentes o del dictamen de órganos consultivos.

d) Los actos declarativos de derechos.

25. De acuerdo con el artículo 39 de la Ley 39/2015, de 1 de octubre, de Procedimiento Administrativo Común de las Administraciones Públicas, con carácter general, los actos de las Administraciones Públicas sujetos al Derecho Administrativo se presumirán válidos y producirán efectos desde:

a) La fecha en que se dicten, salvo que en ellos se disponga otra cosa.

b) Su notificación.

c) Su publicación.

d) La aprobación superior.

26. De acuerdo con el artículo 47 de la Ley 39/2015, de 1 de octubre, de Procedimiento Administrativo Común de las Administraciones Públicas, los actos de las Administraciones Públicas son nulos de pleno derecho en los casos siguientes:

a) Los actos de la Administración que incurran en cualquier infracción del ordenamiento jurídico.

b) Los actos dictados por órgano manifiestamente incompetente por razón de la jerarquía.

c) Los actos que tengan un contenido imposible.

d) Los actos de la Administración que incurran en desviación de poder.

27. Son anulables, de acuerdo con el artículo 48.1 de la Ley 39/2015, de 1 de octubre, de Procedimiento Administrativo Común de las Administraciones Públicas:

a) Los actos de la Administración que incurran en cualquier infracción del ordenamiento jurídico, incluso la desviación de poder.

b) Los actos dictados prescindiendo total y absolutamente del procedimiento legalmente establecido o de las normas que contienen las reglas esenciales para la formación de la voluntad de los órganos colegiados.

c) Los actos expresos o presuntos contrarios al ordenamiento jurídico por los que se adquieren facultades o derechos cuando se carezca de los requisitos esenciales para su adquisición.

d) Los actos dictados por órgano manifiestamente incompetente por razón de la materia.

28. Conforme con el artículo 48.2 de la Ley 39/2015, de 1 de octubre, de Procedimiento Administrativo Común de las Administraciones Públicas, el defecto de forma de los actos de las Administraciones Públicas solo determinará la anulabilidad:

a) Siempre.

b) Nunca.

c) Cuando el acto carezca de los requisitos formales, dando lugar a la indefensión de los interesados.

d) Cuando el acto administrativo se notifique fuera de plazo, no siendo esencial el término o plazo.

29. La Administración podrá convalidar los actos anulables, subsanando los vicios de que adolezcan. Si el vicio consistiera en incompetencia no determinante de nulidad, la convalidación podrá realizarse, de conformidad con el artículo 52.3 de la Ley 39/2015, de 1 de octubre, de Procedimiento Administrativo Común de las Administraciones Públicas, por:

a) El órgano competente cuando sea inferior jerárquico del que dictó el acto viciado.

b) El órgano competente cuando sea superior jerárquico del que dictó el acto viciado.

c) El órgano competente por razón de la materia.

d) El órgano competente por razón del territorio.

30. Son actos anulables de acuerdo con el artículo 48 de la Ley 39/2015, de 1 de octubre, de Procedimiento Administrativo Común de las Administraciones Públicas:

a) Los de contenido imposible.

b) Los que carezcan de los requisitos formales indispensables para alcanzar su fin.

c) Los dictados prescindiendo total y absolutamente de los procedimientos legalmente establecidos para ellos.

d) Los dictados prescindiendo total y absolutamente del procedimiento establecido por las normas que contienen las reglas esenciales para la formación de la voluntad de los órganos colegiados.

31. De todas las resoluciones citadas a continuación, ¿cuáles de ellas no necesitarán ser motivadas?

a) Las que sigan el criterio seguido en actuaciones precedentes.

b) Los acuerdos de suspensión de actos.

c) Las que se dicten en el ejercicio de potestades discrecionales.

d) Las que resuelvan los recursos.

32. ¿En qué casos un defecto de forma determinará la anulabilidad del acto?

a) Cuando carezcan de los requisitos formales indispensables para alcanzar su fin o dé lugar a indefensión.

b) Cuando sean insubsanables.

c) Solo en los casos en los que se dé lugar a indefensión.

d) Solo cuando carezcan de los requisitos formales indispensables.

33. Como norma general, los actos administrativos serán válidos y producirán efectos salvo que, en ellos, se disponga otra cosa:

a) Los 20 días de dictarse el acto.

b) Desde que se aprueben por el superior jerárquico.

c) Desde la publicación en el Boletín correspondiente.

d) Desde que se dicten.

34. La nulidad o anulabilidad en parte del acto administrativo:

a) Implicará la de las partes del mismo independientes de aquella.

b) Implicará la de las partes del mismo independientes de aquella, salvo cuando la administración proceda a la convalidación del acto.

c) No implicará necesariamente la de las partes del mismo independientes de aquella.

d) No implicará la de los sucesivos en el procedimiento que sean independientes del primero.

35. Los actos de las Administraciones Públicas no son nulos de pleno derecho en los casos siguientes:

a) Los que lesionen los derechos y libertades susceptibles de amparo constitucional.

b) Los que tengan un contenido imposible.

c) Los dictados prescindiendo total y absolutamente del procedimiento legalmente establecido o de las normas que contienen las reglas esenciales para la formación de la voluntad de los órganos colegiados.

d) Los que sean constitutivos de infracción administrativa y se dicten como consecuencia de esta.

36. Los que tuvieren la condición de interesados en un procedimiento administrativo, podrán conocer del estado de la tramitación del mismo:

a) En el trámite de audiencia.

b) En el trámite de información pública.

c) En cualquier momento

d) Solo cuando lo permita el instructor del procedimiento.

37. ¿En qué título de la Ley 39/2015, de 1 de octubre, del Procedimiento Administrativo Común de las Administraciones Públicas, se tratan las disposiciones sobre el procedimiento administrativo común?

a) Título I.

b) Título II.

c) Título III.

d) Título IV.

38. En relación a las medidas provisionales, no es cierto que:

a) Solo podrán adoptarse antes de iniciarse el procedimiento administrativo.

b) Las medidas provisionales podrán ser alzadas o modificadas durante la tramitación del procedimiento, de oficio o a instancia de parte, en virtud de circunstancias sobrevenidas o que no pudieron ser tenidas en cuenta en el momento de su adopción.

c) Se extingan cuando surta efectos la resolución administrativa que ponga fin al procedimiento correspondiente.

d) No se podrán adoptar medidas provisionales que puedan causar perjuicio de difícil o imposible reparación a los interesados o que impliquen violación de derechos amparados por las leyes.

39. Una vez adoptadas medidas provisionales antes de la iniciación del procedimiento, deberán ser confirmadas, modificadas o levantadas en el acuerdo de iniciación del procedimiento, que deberá efectuarse a partir de su adopción, dentro de:

a) Los 10 días siguientes.

b) Los 15 días siguientes.

c) Los 20 días siguientes.

d) Los 30 días siguientes.

40. Iniciado el procedimiento, el órgano administrativo competente para resolver, podrá adoptar, de oficio o a instancia de parte y de forma motivada, las medidas provisionales que estime oportunas para asegurar la eficacia de la resolución que pudiera recaer, si existiesen elementos de juicio suficientes para ello, de acuerdo con los principios de (señalar la respuesta incorrecta):

a) Efectividad.

b) Menor onerosidad.

c) Intencionalidad.

d) Proporcionalidad.

41. En relación a la acumulación de procedimientos regulada en el artículo 57 de la LPACAP, no es cierto que:

a) Los procedimientos tengan que guardar identidad sustancial o íntima conexión.

b) Contra el acuerdo de acumulación no proceda recurso alguno.

c) Que deba ser el mismo órgano que dispone la acumulación quien deba tramitar y resolver el procedimiento.

d) La acumulación siempre se deberá disponer de oficio.

42. La propuesta de iniciación del procedimiento formulada por cualquier órgano administrativo que no tiene competencia para iniciar el mismo y que ha tenido conocimiento de las circunstancias, conductas o hechos objeto del procedimiento, bien ocasionalmente o bien por tener atribuidas funciones de inspección, averiguación o investigación:

a) Vincula al órgano competente para iniciar el procedimiento, en todo caso.

b) Faculta al órgano competente a ceder al órgano que la formuló la competencia para iniciar el procedimiento, guardándose él la instrucción y resolución del mismo.

c) No vincula al órgano competente para iniciar el procedimiento, si bien deberá comunicar al órgano que la hubiera formulado los motivos por los que, en su caso, no procede la iniciación.

d) Vincula al órgano competente para iniciar el procedimiento, si el órgano que formuló la propuesta de iniciación pertenece a la misma Administración.

43. En relación al inicio del procedimiento por denuncia, es cierto que:

a) Si los hechos pudieran constituir una infracción administrativa, la denuncia deberá recoger la identificación de los presuntos responsables para que se pueda iniciar el procedimiento.

b) Cuando la denuncia invocara un perjuicio en el patrimonio de las Administraciones Públicas no se podrá dictar la no iniciación del procedimiento.

c) Cuando el denunciante haya participado en la comisión de una infracción de esta naturaleza y existan otros infractores, el órgano competente para resolver el procedimiento no podrá eximir al denunciante del pago de la multa u otro tipo de sanción de carácter no pecuniario que le correspondiera a cambio de aportar elementos de prueba que permitan iniciar el procedimiento o comprobar la infracción.

d) La presentación de una denuncia no confiere, por sí sola, la condición de interesado en el procedimiento.

44. Los procedimientos administrativos se iniciarán:

a) Únicamente de oficio.

b) Únicamente a solicitud de personas interesadas.

c) De oficio o a solicitud de personas interesadas.

d) A solicitud de cualquier persona, aunque no sea interesada.

45. Si la solicitud de iniciación del procedimiento no reúne los requisitos exigidos por la legislación aplicable, se requerirá al interesado para que subsane la falta o acompañe los documentos preceptivos, en un plazo de:

a) 7 días.

b) 10 días.

c) 15 días.

d) 20 días.

46. El documento mediante el que los interesados ponen en conocimiento de la Administración Pública competente sus datos identificativos o cualquier otro dato relevante para el inicio de una actividad o el ejercicio de un derecho, es denominado en la LPACAP:

a) Declaración responsable.
b) Comunicación.
c) Solicitud.
d) Instancia.

47. En relación a la declaración responsable y la comunicación, es cierto que:

a) Ambas deben presentarse antes del inicio de la actividad.
b) La declaración responsable podrá presentarse dentro de un plazo posterior al inicio de la actividad.
c) La comunicación podrá presentarse dentro de un plazo posterior al inicio de la actividad cuando la legislación correspondiente lo prevea expresamente.
d) Ambas podrán presentarse dentro de un plazo posterior al inicio de la actividad.

48. El procedimiento, sometido al principio de celeridad, se impulsará de oficio en todos sus trámites y a través de medios electrónicos, respetando los principios de:

a) Transparencia y publicidad.
b) Coordinación y operatividad.
c) Sigilo y seguridad jurídica.
d) Efectividad y proporcionalidad.

49. Salvo en el caso de que en la norma correspondiente se fije plazo distinto, los trámites que deban ser cumplimentados por los interesados deberán realizarse a partir del siguiente al de la notificación del correspondiente acto, en el plazo de:

a) 5 días.
b) 7 días.
c) 10 días.
d) 15 días.

50. Las cuestiones incidentales que se susciten en el procedimiento:

a) No suspenderán la tramitación del mismo, excepto las que se refieran a la nulidad de actuaciones.
b) Salvo la recusación; no suspenderán la tramitación del procedimiento, incluso las que se refieran a la nulidad de actuaciones.
c) Suspenderán la tramitación del procedimiento, excepto la recusación y las que se refieran a la nulidad de actuaciones.
d) Suspenderán la tramitación del procedimiento, incluso la recusación y las cuestiones incidentales que se refieran a la nulidad de actuaciones.

51. El artículo 77 de la LPACAP prevé un período extraordinario de prueba a petición de los interesados, que podrá acordar el instructor cuando lo considere necesario, por un plazo:

a) No inferior a 10 días.
b) No superior a treinta días ni inferior a diez.
c) No superior a 10 días.
d) De 10 días.

52. Salvo que una disposición o el cumplimiento del resto de los plazos del procedimiento permita o exija otro plazo mayor o menor, los informes deben emitirse a través de medios electrónicos en el plazo de:

a) 10 días.
b) 15 días.
c) 20 días.
d) 30 días.

53. El órgano al que corresponda la resolución del procedimiento, cuando la naturaleza de este lo requiera, podrá acordar un período de información pública que se anunciará en el Diario Oficial correspondiente, determinando el plazo para formular alegaciones, que en ningún caso podrá ser:

a) Superior a 30 días.
b) Inferior a 10 días.
c) Inferior a 20 días.
d) Superior a 20 días.

54. En relación a la resolución del procedimiento, no es cierto que:

a) La resolución que ponga fin al procedimiento deba decidir todas las cuestiones planteadas por los interesados y aquellas otras derivadas del mismo.
b) En los procedimientos tramitados a solicitud del interesado, la resolución será congruente con las peticiones formuladas por este, pudiéndose agravar su situación inicial.
c) La aceptación de informes o dictámenes servirá de motivación a la resolución cuando se incorporen al texto de la misma.
d) Sin perjuicio de la forma y lugar señalados por el interesado para la práctica de las notificaciones, la resolución del procedimiento se dictará electrónicamente.

55. El plazo máximo en el que debe notificarse la resolución expresa será el fijado por la norma reguladora del correspondiente procedimiento. Salvo que una norma con rango de Ley establezca uno mayor o así venga previsto en el Derecho de la Unión Europea este plazo no podrá exceder de:

a) 2 meses.
b) 3 meses.

c) 4 meses.
d) 6 meses.

56. Cuando una Administración Pública requiera a otra para que anule o revise un acto que entienda que es ilegal y que constituya la base para el que la primera haya de dictar en el ámbito de sus competencias:

a) Podrá suspender el transcurso del plazo máximo legal para resolver el procedimiento y notificar la resolución.
b) Suspenderá el transcurso del plazo máximo legal para resolver el procedimiento y notificar la resolución.
c) Podrá anular el procedimiento.
d) Deberá anular el procedimiento.

57. La resolución que ponga fin al procedimiento decidirá todas las cuestiones planteadas por los interesados y aquellas otras derivadas del mismo. Cuando se trate de cuestiones conexas que no hubieran sido planteadas por los interesados, el órgano competente podrá pronunciarse sobre las mismas, poniéndolo antes de manifiesto a aquellos, para que formulen las alegaciones que estimen pertinentes y aporten, en su caso, los medios de prueba, por un plazo:

a) De 10 días.
b) Máximo de 10 días.
c) De 15 días.
d) Máximo de 15 días.

58. En los procedimientos iniciados a solicitud del interesado, el vencimiento del plazo máximo sin haberse notificado resolución expresa, legitima al interesado o interesados para entenderla:

a) Desestimada por silencio administrativo.
b) Desestimada por silencio administrativo, excepto en los supuestos en los que una norma con rango de ley o una norma de Derecho de la Unión Europea o de Derecho internacional aplicable en España establezcan lo contrario.
c) Estimada por silencio administrativo.
d) Estimada por silencio administrativo, excepto en los supuestos en los que una norma con rango de ley o una norma de Derecho de la Unión Europea o de Derecho internacional aplicable en España establezcan lo contrario.

59. De acuerdo con la LPACAP, en los procedimientos iniciados a solicitud de los interesados, estos podrán entender estimadas por silencio administrativo sus solicitudes:

a) En todos los casos, sin excepción alguna.
b) En los procedimientos de ejercicio del derecho de petición a que se refiere el artículo 29 de la Constitución.

c) En todos los casos, salvo que una norma con rango de Ley o norma de Derecho Comunitario Europeo establezca lo contrario.

d) En los procedimientos de impugnación de actos y disposiciones.

60. La LPACAP establece que en los procedimientos iniciados de oficio la falta de resolución expresa:

a) Exime a la Administración del cumplimiento de la obligación legal de resolver.

b) En procedimientos que reconozcan derechos, los interesados que hubieran comparecido podrán entender desestimadas sus pretensiones por silencio administrativo.

c) En procedimientos que reconozcan derechos, los interesados que hubieran comparecido podrán entender estimadas sus pretensiones por silencio administrativo.

d) En procedimientos en que la Administración ejercite potestades sancionadoras susceptibles de producir efectos de gravamen, no se producirá la caducidad.

61. En los Procedimientos iniciados a solicitud del interesado, paralizados por causa imputable al mismo, se producirá la caducidad del procedimiento una vez haya transcurrido desde la advertencia al interesado por parte de la Administración:

a) 1 mes.

b) 2 meses.

c) 3 meses.

d) 15 días.

62. Salvo que reste menos para su tramitación ordinaria, los procedimientos administrativos tramitados de manera simplificada deberán ser resueltos en un plazo, a contar desde el siguiente al que se notifique al interesado el acuerdo de tramitación simplificada del procedimiento, de:

a) 15 días.

b) 20 días.

c) 30 días.

d) 2 meses.

63. Los interesados podrán solicitar la tramitación simplificada del procedimiento. Si el órgano competente para la tramitación aprecia que no concurre alguna de las razones que lo aconsejen, podrá desestimar dicha solicitud en el plazo desde su presentación, de:

a) 5 días.

b) 7 días.

c) 10 días.

d) 15 días.

64. ¿Incluyen el trámite de audiencia los procedimientos administrativos tramitados de manera simplificada?

a) No, si la tramitación simplificada ha sido acordada por solicitud de los interesados.
b) Sí, en todo caso.
c) No, en ningún caso.
d) Únicamente cuando la resolución vaya a ser desfavorable para el interesado.

65. Contra una disposición administrativa de carácter general es posible interponer el siguiente recurso administrativo:

a) Alzada.
b) De revisión.
c) Económico-administrativo.
d) Ninguno.

66. Contra los actos firmes en vía administrativa el único recurso administrativo que se puede interponer es:

a) El de reposición.
b) El extraordinario de revisión.
c) El de alzada.
d) Ninguno.

67. Las resoluciones de los órganos administrativos que carezcan de superior jerárquico:

a) No agotan la vía administrativa.
b) Son firmes.
c) Son susceptibles de recurso de alzada.
d) Ponen fin a la vía administrativa.

68. La indicación del medio a través del cual deben efectuarse las notificaciones, en el escrito de interposición de un recurso administrativo:

a) Es obligatoria para el particular.
b) No es necesaria.
c) Se deja al arbitrio de la Administración Pública.
d) Es facultativa para el interesado.

69. Cuando, habiéndose recurrido un acto por vicio de forma, el órgano competente para resolverlo no estime procedente resolver sobre el fondo:

a) Se ordenará la retroacción del procedimiento al momento en que el vicio se cometió, como regla general.
b) Convalidará dicho vicio.

c) Declarará la inadmisibilidad del recurso.

d) Optará por alguna de las anteriores medidas.

70. Si el órgano que debe resolver un recurso se encuentra con cuestiones nuevas que no han sido alegadas por los interesados:

a) Devolverá el expediente para que se dicte un nuevo acto, teniendo en cuenta dichas cuestiones.

b) Decidirá el recurso, aunque se agrave la situación del recurrente, pero dándole previa audiencia.

c) No las tendrá en cuenta a la hora de resolver.

d) Nada de lo expuesto es correcto.

71. La sustitución del recurso de alzada por un procedimiento de arbitraje:

a) Es la regla general.

b) Puede ser legal.

c) Está prohibido.

d) Es nula de pleno derecho.

72. Si el recurso de alzada se presenta ante el mismo órgano que dictó el acto recurrido:

a) Lo remitirá al órgano decisor.

b) Declarará su inadmisibilidad.

c) Lo desestimará.

d) Resolverá el mismo.

73. Una circunstancia que debe darse en un acto para que proceda contra el mismo el recurso de alzada es que:

a) Agote la vía administrativa.

b) No sea definitivo en vía administrativa.

c) No sea susceptible de otro recurso.

d) Sea de trámite no cualificado.

74. El plazo de interposición del recurso de alzada es de:

a) Quince días.

b) Un mes, si el acto recurrido es expreso.

c) Dos meses.

d) Depende de los casos.

75. Para que se entienda positivo el silencio administrativo en el recurso de alzada:

a) Basta con que no se conteste el recurso en el plazo establecido.

b) Ha de no contestarse el recurso que se plantee contra un acto presunto.

c) El acto ha de ser no declarativo de derechos.

d) Ha de ser un acto contra el que no es posible interponer el recurso de revisión.

76. El plazo para entender desestimado por silencio administrativo el recurso de reposición es de:

a) Un mes.

b) Tres meses.

c) Dos meses.

d) Ninguno, al ser el silencio de carácter positivo.

77. Una característica de los actos contra los que es posible interponer recurso de revisión es que son:

a) Firmes.

b) Susceptibles de recurso ordinario.

c) Erróneos desde el punto de vista jurídico.

d) Todo lo anterior es cierto.

78. Se puede plantear el recurso de revisión en el plazo de cuatro años desde que se notificó el acto recurrido en el caso de que:

a) El acto no sea firme.

b) Al dictar el acto se haya incurrido en error de hecho que resulte de los propios documentos incorporados al expediente.

c) El recurso se base en cualquiera de los restantes supuestos que la Ley recoge.

d) Recaiga sentencia judicial firme declarando la ilegalidad del acto.

79. La terminación presunta del recurso de revisión se dará:

a) A los tres meses de su interposición.

b) Al mes de su interposición.

c) No cabe.

d) Solo en el supuesto de que se base en manifiesto error de derecho.

80. El recurso de revisión por manifiesto error de hecho debe plantearse:

a) A los tres meses desde que se produjo.

b) A los cuatro años desde que se conoció.

c) Dentro de los cuatro años desde la notificación del acto.

d) No puede darse nunca aisladamente.

81. La revisión de los actos por los recursos administrativos:

a) Corresponde a la propia Administración Pública.

b) Supone una actuación excepcional por la Administración Pública sobre sus actos firmes.

c) Compete a los órganos jurisdiccionales de lo contencioso-administrativo.

d) Se da solo en supuestos tasados y límites.

82. El recurso de alzada contra el acto de un órgano administrativo que actúa por delegación lo resuelve:

a) Este mismo órgano.

b) Este mismo órgano en virtud de la delegación que ostenta.

c) Su superior jerárquico.

d) Nada de lo anterior es cierto.

83. Para plantear un recurso administrativo:

a) Hay que tener capacidad jurídica, sin requerirse la capacidad de obrar.

b) Basta con la capacidad de obrar.

c) Se requiere, siempre, ser titular de un derecho subjetivo afectado por el acto que se recurre.

d) Ha de ostentarse la condición de interesado.

84. Cuando existan terceros interesados en un acto recurrido:

a) Deben personarse en el expediente que se siga tras el recurso.

b) Debe enviárseles copia del recurso, conminándoles a personarse.

c) El envío de la copia se efectúa para que realicen, si lo desean, las alegaciones que estimen oportunas.

d) Al no ser los que interponen el recurso, no es necesario darles cuenta de este.

85. La revocación por la Administración Pública de un acto administrativo de gravamen o no declarativo de derechos:

a) Ha de efectuarse a instancia de los particulares.

b) Está prohibida.

c) Se puede efectuar en cualquier momento, siempre que no se infrinja el ordenamiento jurídico.

d) Requiere previo dictamen del Consejo de Estado.

86. En la Administración General del Estado, la revisión de oficio de un acto dictado por un Secretario de Estado compete al:

a) Consejo de Ministros.

b) Ministro respectivo.

c) Presidente del Gobierno de la Nación.

d) Ministro de la Presidencia.

87. Un acto anulable puede ser revisado de oficio por la Administración Pública, una vez transcurridos cuatro años desde que se dictó:

a) Sí, cuando así lo dictamine el Consejo de Estado.
b) No.
c) Sí, cuando incurra en nulidad de pleno derecho y así lo dictamine el Consejo de Estado.
d) Sí, cuando la ilegalidad sea manifiesta y así lo dictamine el Consejo de Estado.

88. Entre los límites de la revisión de los actos administrativos se encuentra:

a) La prescripción de la acción.
b) Su ilegalidad manifiesta.
c) Que atente a derechos subjetivos.
d) Que incurra en nulidad de pleno derecho.

89. El dictamen del Consejo de Estado manifestando que existe una nulidad de pleno derecho en un acto, respecto a su revisión de oficio, es:

a) Facultativo y no vinculante.
b) Preceptivo y vinculante.
c) Preceptivo y no vinculante.
d) Facultativo y vinculante.

Solución al test n.º 3

1. c) El artículo 149.1.18 de la Constitución española de 1978.

2. d) La validez de un acto administrativo se refiere a la adecuación a derecho de todos sus elementos.

3. d) Sí.

4. d) A la capacidad de obrar.

5. c) Sí, para el ejercicio y defensa de aquellos de sus derechos e intereses cuya actuación esté permitida por el ordenamiento jurídico sin la asistencia de la persona que ejerza la patria potestad, tutela o curatela, aunque sean menores incapacitados, siempre que la extensión de la incapacitación no afecte al ejercicio y defensa de los derechos o intereses de que se trate.

6. c) Los hijos emancipados están bajo la patria potestad de los progenitores.

7. b) Los menores no emancipados que no estén bajo la patria potestad.

8. a) Desde el instante mismo en que, con arreglo a derecho, hubiesen quedado válidamente constituidas.

9. a) Las personas físicas incapacitadas.

10. d) Con indicación de las pruebas practicadas.

11. d) Las respuestas a) y b) son correctas.

12. a) El fijado por la norma reguladora del correspondiente procedimiento.

13. a) Desde la fecha del acuerdo de iniciación.

14. b) Desde la fecha en que la solicitud haya tenido entrada en el registro del órgano competente para su tramitación o desde la fecha en que la solicitud haya tenido entrada en el registro electrónico de la Administración u Organismo competente para su tramitación.

15. a) Los diez días siguientes a la recepción de la solicitud en el registro del órgano competente para su tramitación.

16. a) Hábiles, excluyéndose del cómputo los sábados, domingos y los declarados festivos.

17. d) Desde el día en que se produzca la estimación o desestimación por silencio administrativo.

18. a) Durante las veinticuatro horas del día.

19. b) Se entenderán hábiles excluyéndose los sábados, los domingos y festivos.

20. d) El último día del mes.

21. c) Se prorrogará al primer día hábil siguiente.

22. b) A partir del día siguiente a aquel en que tenga lugar la notificación o publicación del acto de que se trate.

23. a) Todas las horas del día que formen parte de un día hábil.

24. d) Los actos declarativos de derechos.

25. a) La fecha en que se dicten, salvo que en ellos se disponga otra cosa.

26. c) Los actos que tengan un contenido imposible.

27. a) Los actos de la Administración que incurran en cualquier infracción del ordenamiento jurídico, incluso la desviación de poder.

28. c) Cuando el acto carezca de los requisitos formales, dando lugar a la indefensión de los interesados.

29. b) El órgano competente cuando sea superior jerárquico del que dictó el acto viciado.

30. b) Los que carezcan de los requisitos formales indispensables para alcanzar su fin.

31. a) Las que sigan el criterio seguido en actuaciones precedentes.

32. a) Cuando carezcan de los requisitos formales indispensables para alcanzar su fin o dé lugar a indefensión.

33. d) Desde que se dicten.

34. d) No implicará la de los sucesivos en el procedimiento que sean independientes del primero.

35. d) Los que sean constitutivos de infracción administrativa y no se dicten como consecuencia de esta.

36. c) En cualquier momento.

37. d) Título IV.

38. a) Solo podrán adoptarse antes de iniciarse el procedimiento administrativo.

39. b) Los 15 días siguientes.

40. c) Intencionalidad.

41. d) La acumulación siempre se deberá disponer de oficio.

42. c) No vincula al órgano competente para iniciar el procedimiento, si bien deberá comunicar al órgano que la hubiera formulado los motivos por los que, en su caso, no procede la iniciación.

43. d) La presentación de una denuncia no confiere, por sí sola, la condición de interesado en el procedimiento.

44. c) De oficio o a solicitud de personas interesadas.

45. b) 10 días.

46. b) Comunicación.

47. c) La comunicación podrá presentarse dentro de un plazo posterior al inicio de la actividad cuando la legislación correspondiente lo prevea expresamente.

48. a) Transparencia y publicidad.

49. c) 10 días.

50. b) Salvo la recusación; no suspenderán la tramitación del procedimiento, incluso las que se refieran a la nulidad de actuaciones.

51. c) No superior a 10 días.

52. a) 10 días.

53. c) Inferior a 20 días.

54. b) En los procedimientos tramitados a solicitud del interesado, la resolución será congruente con las peticiones formuladas por este, pudiéndose agravar su situación inicial.

55. d) 6 meses.

56. b) Suspenderá el transcurso del plazo máximo legal para resolver el procedimiento y notificar la resolución.

57. d) Máximo de 15 días.

58. d) Estimada por silencio administrativo, excepto en los supuestos en los que una norma con rango de ley o una norma de Derecho de la Unión Europea o de Derecho Internacional aplicable en España establezcan lo contrario.

59. c) En todos los casos, salvo que una norma con rango de Ley o norma de Derecho Comunitario Europeo establezca lo contrario.

60. b) En procedimientos que reconozcan derechos, los interesados que hubieran comparecido podrán entender desestimadas sus pretensions por silencio administrativo.

61. c) 3 meses.

62. c) 30 días.

63. a) 5 días.

64. d) Únicamente cuando la resolución vaya a ser desfavorable para el interesado.

65. d) Ninguno.

66. b) El extraordinario de revisión.

67. d) Ponen fin a la vía administrativa.

68. a) Es obligatoria para el particular.

69. a) Se ordenará la retroacción del procedimiento al momento en que el vicio se cometió, como regla general.

70. d) Nada de lo expuesto es correcto.

71. b) Puede ser legal.

72. a) Lo remitirá al órgano decisor.

73. b) No sea definitivo en vía administrativa.

74. b) Un mes, si el acto recurrido es expreso.

75. b) Ha de no contestarse el recurso que se plantee contra un acto presunto.

76. a) Un mes.

77. a) Firmes.

78. b) Al dictar el acto se haya incurrido en error de hecho que resulte de los propios documentos incorporados al expediente.

79. a) A los tres meses de su interposición.

80. c) Dentro de los cuatro años desde la notificación del acto.

81. a) Corresponde a la propia Administración Pública.

82. d) Nada de lo anterior es cierto.

83. d) Ha de ostentarse la condición de interesado.

84. c) El envío de la copia se efectúa para que realicen, si lo desean, las alegaciones que estimen oportunas.

85. c) Se puede efectuar en cualquier momento, siempre que no se infrinja el ordenamiento jurídico.

86. b) Ministro respectivo.

87. b) No.

88. a) La prescripción de la acción.

89. b) Preceptivo y vinculante.

TEST N.º 4

Ley 1/2016, de 18 de enero, de Transparencia y Buen Gobierno: Título Preliminar, Título I: Capítulos I, II, IV y V y Título II: Secciones 1, 2 y 3 del Capítulo I

1. ¿Qué ley tiene por objeto regular la transparencia y publicidad en la actividad pública?

a) La Ley 9/1996, de 21 de mayo.
b) La Ley 4/2006, de 13 de octubre.
c) La Ley 1/2016, de 18 de enero.
d) La Ley 14/2016, de 2 de marzo.

2. ¿En virtud de qué principio de la Ley de Transparencia y Buen Gobierno, toda la información pública es accesible y relevante, y toda persona tiene acceso libre y gratuito a la misma?

a) El principio de publicidad.
b) El principio de transparencia.
c) El principio de objetividad.
d) El principio de legalidad.

3. La resolución en la que se conceda o deniegue el acceso deberá notificarse, a la persona solicitante y a los terceros afectados que así lo hubiesen solicitado, lo antes posible y, como más tarde:

a) En el plazo máximo de un mes desde la recepción de la solicitud por el órgano competente para resolver.
b) En el plazo máximo de tres meses desde la recepción de la solicitud por el órgano competente para resolver.
c) En el plazo máximo de cinco meses desde la recepción de la solicitud por el órgano competente para resolver.
d) En el plazo máximo de seis meses desde la recepción de la solicitud por el órgano competente para resolver.

4. ¿En virtud de qué principio de la Ley de Transparencia y Buen Gobierno, las entidades sujetas al ámbito de aplicación de dicha ley arbitrarán los medios necesarios para poner a disposición de la ciudadanía la información pública en la lengua y a través del medio de acceso que la ciudadanía elija?

a) El principio de reutilización de la información.
b) El principio de igualdad lingüística.
c) El principio de objetividad lingüística y tecnológica.
d) El principio de no discriminación tecnológica ni lingüística.

5. Los instrumentos de ordenación del territorio y los planes urbanísticos, así como sus correspondientes modificaciones y revisiones, deberán ser objeto de publicidad, difundiendo, como mínimo:

a) La clasificación del suelo.
b) La calificación del suelo.
c) La normativa urbanística.
d) Todas las respuestas son correctas.

6. ¿Cada cuánto tiempo la Xunta de Galicia hará público en el Portal de transparencia y Gobierno un informe en el cual se analizarán y expondrán los datos sobre la información más consultada en el Portal, y sobre la más solicitada a través del ejercicio del derecho de acceso?

a) Mensualmente.
b) Trimestralmente.
c) Al menos una vez por semestre.
d) Anualmente.

7. El procedimiento para el ejercicio del derecho de acceso se iniciará con la presentación de la correspondiente solicitud, que deberá dirigirse:

a) A la persona titular del órgano administrativo o entidad que posea la información.
b) A la persona titular de la Consellería de Hacienda.
c) A la persona titular de la Consellería de Presidencia, Administraciones Públicas y Justicia.
d) A la Secretaría General Técnica de la Consellería de Presidencia, Administraciones Públicas y Justicia.

8. ¿Qué plazo concederá el órgano encargado de resolver para que puedan formular alegaciones cuando las solicitudes se refieran a información que afecte a derechos e intereses de terceros?

a) Una semana.
b) Diez días.
c) Quince días.
d) Un mes.

9. ¿Cuál es el órgano independiente al que corresponde la resolución de las reclamaciones frente a las resoluciones de acceso a la información pública?

a) La Comisión Interdepartamental de Información y Evaluación.
b) La Comisión Interdepartamental de Transparencia y Análisis.
c) La Comisión de la Transparencia.
d) La Comisión de Evaluación y Análisis de la Información.

10. ¿En virtud de qué principio de la Ley de Transparencia y Buen Gobierno, la información pública será cierta y exacta, garantizando que procede de documentos con respecto a los cuales se ha verificado su autenticidad, fiabilidad, integridad, disponibilidad y cadena de custodia?

a) El principio de veracidad.
b) El principio de objetividad.
c) El principio de seguridad jurídica.
d) El principio de identidad real.

11. Las disposiciones del Título I (Transparencia de la actividad pública) de la Ley 1/2016, de 18 de enero serán de aplicación a:

a) A las universidades del Sistema universitario de Galicia.
b) Al Valedor del Pueblo.
c) Al Parlamento de Galicia.
d) Todas las respuestas son correctas.

12. Reglamentariamente se determinará el procedimiento que es necesario seguir para el cumplimiento de la obligación de suministrar información, así como las multas coercitivas aplicables en los supuestos en que el requerimiento de información no sea atendido en plazo. Respecto de la multa podemos afirmar que:

a) La multa de 100 a 6.000 euros será reiterada por periodos mensuales hasta un máximo de doce meses.
b) La multa de 100 a 6.000 euros será reiterada por periodos mensuales hasta el cumplimiento.
c) La multa de 100 a 1.000 euros será reiterada por periodos mensuales hasta un máximo de doce meses.
d) La multa de 100 a 1.000 euros será reiterada por periodos mensuales hasta el cumplimiento.

13. En cuanto al total de la multa aplicable en los supuestos en que el requerimiento de información no sea atendido en plazo, no podrá exceder de:

a) El 2,5 % del importe del contrato, subvención o instrumento administrativo que habilite para el ejercicio de las funciones públicas o la prestación de los servicios.
b) El 5 % del importe del contrato, subvención o instrumento administrativo que habilite para el ejercicio de las funciones públicas o la prestación de los servicios.

c) El 7 % del importe del contrato, subvención o instrumento administrativo que habilite para el ejercicio de las funciones públicas o la prestación de los servicios.

d) El 10 % del importe del contrato, subvención o instrumento administrativo que habilite para el ejercicio de las funciones públicas o la prestación de los servicios.

14. En el supuesto de que en el instrumento que habilite para el ejercicio de las funciones públicas o la prestación de los servicios no figurase una cuantía concreta, la multa aplicable en los supuestos en que el requerimiento de información no sea atendido en plazo no excederá de:

a) 1.000 euros.
b) 1.500 euros.
c) 3.000 euros.
d) 6.000 euros.

15. Para la determinación del importe de la multa aplicable en los supuestos en que el requerimiento de información no sea atendido en plazo se atenderá a la gravedad del incumplimiento y al principio de:

a) Proporcionalidad.
b) Igualdad.
c) Menor lesividad.
d) Solidaridad.

16. ¿Qué principio de la Ley de Transparencia y Buen Gobierno supone que las entidades sujetas a lo dispuesto en la presente ley son responsables del cumplimiento de sus prescripciones?

a) El principio de objetividad.
b) El principio de integridad.
c) El principio de honestidad.
d) El principio de responsabilidad.

17. Los sujetos a los que les es de aplicación la Ley 1/2016, de 18 de enero, de Transparencia y Buen Gobierno, en relación con su actividad económico-financiera publicarán:

a) El techo de gasto no financiero aprobado para cada ejercicio.
b) La situación déficit/superávit público sobre producto interior bruto y por habitante.
c) El periodo medio de pago a proveedores.
d) Todas las respuestas son correctas.

18. La Administración general de la Comunidad Autónoma de Galicia y las entidades instrumentales de su sector público harán público:

a) Únicamente el número de vehículos de los que es titular.
b) La relación de bienes de interés cultural, histórico y artístico.

c) El número de vehículos de los que es arrendatario.

d) Todas las respuestas son correctas.

19. Los altos cargos no podrán firmar, ni por sí mismos ni a través de entidades participadas por ellos directa o indirectamente en más del diez por ciento, contratos de asistencia técnica, de servicios o similares con la Administración pública en la que hubieran prestado servicios, siempre que guarden relación directa con las funciones que el alto cargo ejercía, durante:

a) El año siguiente a la fecha de su cese.

b) Los dos años siguientes a la fecha de su cese.

c) Los cinco años siguientes a la fecha de su cese.

d) Los diez años siguientes a la fecha de su cese.

20. La Xunta de Galicia, a través de la consejería competente en materia de Administraciones Públicas, mantendrá un registro de convenios públicos. Cuando dichos convenios impliquen obligaciones económicas para la Hacienda autonómica o para las entidades públicas instrumentales integrantes del sector público autonómico de Galicia, se habrá de señalar con claridad:

a) La persona o entidad destinataria.

b) El objeto del convenio.

c) El importe de las obligaciones económicas.

d) Todas las respuestas son correctas.

21. ¿Qué principio de la Ley 1/2016, de 18 de enero, de Transparencia y Buen Gobierno promulga que tanto la información como los instrumentos y herramientas empleados en su difusión sean comprensibles, utilizables y localizables por todas las personas en condiciones de seguridad y comodidad, así como de la forma más autónoma y natural posible?

a) El principio de difusión universal de la información pública.

b) El principio de accesibilidad universal de la información pública.

c) El principio de libre disponibilidad de la información pública.

d) El principio de transparencia y seguridad de la información pública.

22. Las disposiciones del Título I (Transparencia de la actividad pública) de la Ley 1/2016, de 18 de enero serán de aplicación a:

a) A las corporaciones de derecho público que desarrollen parte de su actividad en el ámbito territorial de la Comunidad Autónoma de Galicia, en lo relativo a sus actividades sujetas a derecho administrativo.

b) Al Consejo de la Cultura Gallega en relación con sus actividades sujetas a derecho administrativo, con excepción de sus actos en materia de personal.

c) A las entidades vinculadas o dependientes de las universidades del Sistema universitario de Galicia.

d) Todas las respuestas son correctas.

23. ¿Cada cuánto tiempo la Xunta de Galicia hará público en el Portal de transparencia y Gobierno un informe en el cual se analizarán y expondrán las estadísticas relativas al derecho de acceso a la información pública, con la inclusión del número de solicitudes presentadas y de los porcentajes de los distintos tipos de resolución a que dieron lugar?

a) Mensualmente.
b) Trimestralmente.
c) Al menos una vez por semestre.
d) Anualmente.

24. ¿Dónde publicará la Xunta de Galicia la relación de los acuerdos aprobados en el Parlamento Autonómico que afecten a sus competencias, detallando la fecha de aprobación y el organismo competente para su cumplimiento?

a) En el Boletín Oficial del Estado (BOE).
b) En el Diario Oficial de Galicia (DOGA).
c) En el Portal de transparencia y Gobierno abierto.
d) En el Portal de Transparencia y Publicidad Activa.

25. La Xunta de Galicia hará público anualmente en el Portal de transparencia y Gobierno abierto un informe en el cual se analizarán y expondrán, entre otros aspectos, los datos sobre la información más consultada en el Portal y sobre la más solicitada a través del ejercicio del derecho de acceso. Dicho informe deberá ser aprobado previamente a su publicación por:

a) La Comisión de la Transparencia.
b) La Comisión Interdepartamental de Transparencia y Análisis.
c) La Comisión de Evaluación y Análisis de la Información.
d) La Comisión Interdepartamental de Información y Evaluación.

26. ¿Quién preside la Comisión de la Transparencia?

a) La persona titular de la Xunta de Galicia.
b) El Presidente o Presidenta del Consejo Consultivo de Galicia.
c) El valedor o valedora del pueblo.
d) El Presidente o Presidenta de la Federación Gallega de Municipios y Provincias.

27. ¿Quién actúa como vicepresidente o vicepresidenta de la Comisión de la Transparencia?

a) El adjunto o adjunta a la institución del Valedor del Pueblo.
b) Una persona representante del Consejo de Cuentas.
c) Una persona representante del Consejo Consultivo de Galicia.
d) El Presidente o Presidenta de la Federación Gallega de Municipios y Provincias.

28. ¿A quién le corresponde, en el ámbito del sector público autonómico, la competencia para la resolución de las solicitudes de acceso?

a) A la persona titular de la secretaría general técnica.

b) A la persona titular de la dirección general o la delegación territorial en el caso de la Administración general de la Comunidad Autónoma.

c) A la persona titular de la secretaría general.

d) Todas las respuestas son correctas.

29. ¿Quién tendrá voto dirimente en la Comisión de la Transparencia en caso de empate?

a) El Presidente o Presidenta de la Federación Gallega de Municipios y Provincias.

b) El Presidente o Presidenta del Consejo Consultivo de Galicia.

c) El Presidente o Presidenta del Consejo de Cuentas.

d) El valedor o valedora del pueblo.

30. Indica cuál de los siguientes no es vocal de la Comisión de la Transparencia:

a) Una persona representante del Sistema universitario de Galicia.

b) Una persona representante del Consejo de Cuentas.

c) Una persona representante de la Comisión Interdepartamental de Información y Evaluación de la Xunta de Galicia.

d) Una persona representante del Consejo Consultivo de Galicia.

31. Tendrán la consideración de cargos públicos a los efectos de la Ley 1/2016, de 18 de enero, de transparencia y buen gobierno:

a) El presidente o presidenta del Consejo Económico y Social.

b) Las directoras y directores generales de la Administración general de la Comunidad Autónoma de Galicia.

c) El personal eventual que, en virtud de nombramiento legal, ejerza funciones de jefatura de gabinete o jefatura de prensa de los gabinetes de la persona titular de la Presidencia de la Xunta.

d) Todas las respuestas son correctas.

32. ¿Cuál es el tratamiento oficial de los miembros del Gobierno y de los altos cargos?

a) Excelentísimo/Excelentísima, seguido de la denominación del cargo, empleo o rango correspondiente.

b) Ilustrísimo Señor/ Ilustrísima Señora, seguido de la denominación del cargo, empleo o rango correspondiente.

c) Honorable señor/señora, seguido de la denominación del cargo, empleo o rango correspondiente.

d) Señor/señora, seguido de la denominación del cargo, empleo o rango correspondiente.

33. Señala con cuál de las siguientes actividades públicas es compatible el ejercicio de las funciones de alto cargo:

a) El desarrollo de misiones permanentes de representación ante organizaciones o conferencias, nacionales e internacionales.
b) La representación de la Administración autonómica en los órganos colegiados.
c) El cargo de diputado o diputada en el Parlamento de Galicia, en todo caso.
d) Todas las respuestas son correctas.

34. Señala la respuesta incorrecta respecto a la compatibilidad de las funciones de alto cargo con el ejercicio de la docencia:

a) Para el ejercicio de las funciones docentes se requerirá la autorización expresa de la persona titular de la consejería de hacienda.
b) El desarrollo de esta actividad no podrá suponer en ningún caso incremento alguno sobre las cantidades que por cualquier concepto corresponda percibir por el ejercicio del cargo público, con excepción de las indemnizaciones por gastos de viajes, estancias y traslados.
c) Se podrá compatibilizar el ejercicio de funciones docentes, de carácter reglado, siempre que no supongan menoscabo de la dedicación en el ejercicio del cargo público y se realice en régimen de dedicación a tiempo parcial.
d) Los altos cargos podrán participar en las actividades a cargo de los centros oficiales de formación y perfeccionamiento del personal empleado público mediante la impartición de conferencias y cursos, siempre que dicha colaboración se produzca con carácter excepcional, así como en los congresos, seminarios y actividades análogas, teniendo derecho a la percepción de las indemnizaciones previstas reglamentariamente.

35. Los altos cargos que pretendan compatibilizar sus funciones con actividades privadas deberá previamente comunicarlo a:

a) A la Comisión de la Transparencia.
b) A la Comisión Interdepartamental de Información y Evaluación.
c) La Dirección General de la Función Pública.
d) Al Consejo Consultivo de Galicia.

36. Los altos cargos no podrán tener, por sí mismos o por persona interpuesta, participaciones directas o indirectas en empresas en tanto tengan conciertos o contratos de cualquier naturaleza con el sector público estatal, autonómico o local, o reciban subvenciones provenientes de cualquier Administración pública. Estas participaciones directas o indirectas no podrán ser superiores al:

a) 2,5 %.
b) 5 %.
c) 7 %.
d) 10 %.

37. Los altos cargos no podrán realizar actividades ni prestar servicios en entidades privadas relacionadas con expedientes sobre los cuales hubiesen dictado resolución en el ejercicio del cargo, durante:

a) El año siguiente a la fecha de su cese.
b) Los dos años siguientes a la fecha de su cese.
c) Los cinco años siguientes a la fecha de su cese.
d) Los diez años siguientes a la fecha de su cese.

38. La información relativa a todos los contratos menores, con indicación del objeto, duración, importe de licitación y adjudicación, número de licitadores participantes e identidad del adjudicatario se publicarán en el portal web de transparencia:

a) Cada mes.
b) Cada dos meses.
c) Al menos trimestralmente.
d) Al menos semestralmente.

39. Los altos cargos no podrán tener, por sí mismos o por personas o entidades o empresas interpuestas, fondos, activos financieros o valores negociables en países o territorios con calificación de paraíso fiscal según la regulación estatal de aplicación:

a) Únicamente durante el ejercicio de su cargo.
b) Durante el ejercicio de su cargo, así como en los dos años siguientes a su cese.
c) Durante el ejercicio de su cargo, así como en los cinco años siguientes a su cese.
d) Durante el ejercicio de su cargo, así como en los diez años siguientes a su cese.

40. ¿De qué plazo dispone el centro directivo competente en materia de función pública para pronunciarse sobre la compatibilidad de la actividad privada que se va a realizar por parte del alto cargo así como comunicárselo tanto a la persona afectada como a la entidad en la que pretenda prestar sus servicios?

a) Veinte días desde la recepción en el Registro de Actividades de dicha comunicación.
b) Un mes desde la recepción en el Registro de Actividades de dicha comunicación.
c) Dos meses desde la recepción en el Registro de Actividades de dicha comunicación.
d) Tres meses desde la recepción en el Registro de Actividades de dicha comunicación.

Solución al test n.º 4

1. c) La Ley 1/2016, de 18 de enero.

2. b) El principio de transparencia.

3. a) En el plazo máximo de un mes desde la recepción de la solicitud por el órgano competente para resolver.

4. d) El principio de no discriminación tecnológica ni lingüística.

5. d) Todas las respuestas son correctas.

6. d) Anualmente.

7. a) A la persona titular del órgano administrativo o entidad que posea la información.

8. c) Quince días.

9. c) La Comisión de la Transparencia.

10. a) El principio de veracidad.

11. d) Todas las respuestas son correctas.

12. d) La multa de 100 a 1.000 euros será reiterada por periodos mensuales hasta el cumplimiento.

13. b) El 5 % del importe del contrato, subvención o instrumento administrativo que habilite para el ejercicio de las funciones públicas o la prestación de los servicios.

14. c) 3.000 euros.

15. a) Proporcionalidad.

16. d) El principio de responsabilidad.

17. d) Todas las respuestas son correctas.

18. c) El número de vehículos de los que es arrendatario.

19. b) Los dos años siguientes a la fecha de su cese.

20. d) Todas las respuestas son correctas.

21. b) El principio de accesibilidad universal de la información pública.

22. c) A las entidades vinculadas o dependientes de las universidades del Sistema universitario de Galicia.

23. d) Anualmente.

24. c) En el Portal de transparencia y Gobierno abierto.

25. d) La Comisión Interdepartamental de Información y Evaluación.

26. c) El valedor o valedora del pueblo.

27. a) El adjunto o adjunta a la institución del Valedor del Pueblo.

28. d) Todas las respuestas son correctas.

29. d) El valedor o valedora del pueblo.

30. a) Una persona representante del Sistema universitario de Galicia.

31. d) Todas las respuestas son correctas.

32. d) Señor/señora, seguido de la denominación del cargo, empleo o rango correspondiente.

33. b) La representación de la Administración autonómica en los órganos colegiados.

34. a) Para el ejercicio de las funciones docentes se requerirá la autorización expresa de la persona titular de la consejería de hacienda.

35. c) La Dirección General de la Función Pública.

36. d) 10 %.

37. b) Los dos años siguientes a la fecha de su cese.

38. c) Al menos trimestralmente.

39. b) Durante el ejercicio de su cargo, así como en los dos años siguientes a su cese.

40. b) Un mes desde la recepción en el Registro de Actividades de dicha comunicación.

Ley 2/2015, de 29 de abril, del Empleo Público de Galicia: Títulos I, III, IV y V

1. La Ley de Empleo Público de Galicia es:

a) La Ley 2/2015, de 29 de abril.
b) La Ley 5/2009, de 25 de junio.
c) La Ley 9/2015, de 29 de junio.
d) La Ley 1/2009, de 25 de abril.

2. ¿En qué título de la Ley de Empleo Público de Galicia se regulan las clases de personal al servicio de la Xunta de Galicia?

a) Título II.
b) Título III.
c) Título IV.
d) Título V.

3. Señala cuál de las siguientes opciones no es correcta. Según la Ley de Empleo Público de Galicia, existen 4 tipos de empleados públicos:

a) Personal funcionario interino.
b) Personal laboral.
c) Personal fijo discontinuo.
d) Personal eventual.

4. Señalar cuál de los siguientes no es correcto. En función del régimen de duración del contrato, la Ley de Empleo Público de Galicia distingue tres tipos de personal laboral:

a) Fijo.
b) Eventual.
c) Indefinido.
d) Temporal.

5. En relación con el nombramiento de personal interino para la ejecución de programas de carácter temporal y de duración determinada que no respondan a necesidades permanentes de la Administración, el plazo máximo de duración de la interinidad se hará constar expresamente en el nombramiento y no podrá ser superior a:

a) 3 años, ampliables hasta 12 meses más de justificarlo la duración del correspondiente programa.

b) 5 años, no ampliables.

c) 5 años, ampliables hasta 18 meses más si lo justificara la duración del correspondiente programa.

d) 3 años, ampliables hasta 6 meses más si lo justificara la duración del correspondiente programa.

6. En relación con el personal eventual, la Ley de Empleo Público de Galicia señala que:

a) La prestación de servicios como personal eventual constituirá mérito para el acceso al empleo público y para la promoción dentro de este.

b) Cuando el personal funcionario de carrera acceda a puestos de trabajo de carácter eventual, pasará a la situación de servicios específicos.

c) El personal eventual realizará actividades ordinarias de gestión o de carácter técnico o cualquiera de las funciones que pudieran corresponder al personal funcionario de carrera.

d) El nombramiento del personal eventual es libre.

7. En relación con el personal eventual, la Ley de Empleo Público de Galicia señala que:

a) La determinación de las condiciones de empleo del personal eventual tiene la consideración de materia objeto de negociación colectiva.

b) En el ámbito de la Administración general de la Comunidad Autónoma de Galicia el personal eventual solo puede ser nombrado por las personas integrantes del Consello de la Xunta para realizar cometidos de asesoramiento especial o apoyo a las mismas en desarrollo de su labor política, en cumplimiento de sus cometidos de carácter parlamentario y en sus relaciones con las instituciones públicas, los medios de comunicación y las organizaciones administrativas, así como actividades protocolarias

c) El número máximo de puestos del personal eventual, así como sus características y retribuciones, serán establecidos anualmente por el Parlamento de Galicia dentro de los correspondientes créditos presupuestarios consignados al efecto.

d) Las entidades públicas instrumentales del sector público autonómico pueden nombrar personal eventual, cuando así lo autoricen sus respectivas leyes de creación.

8. La adquisición de la condición de personal directivo se llevará a cabo mediante procedimientos que garanticen la publicidad y concurrencia entre el personal funcionario de carrera y el personal laboral fijo al servicio de las administraciones públicas, y se basará en los principios de:

a) Antigüedad y representatividad.

b) Mérito y capacidad.

c) Idoneidad y objetividad.

d) Eficacia y eficiencia.

9. Indica cuál es el objeto de la Ley de Empleo Público de Galicia:

a) La regulación del régimen jurídico de la función pública gallega y la determinación de las normas aplicables a todo el personal al servicio de las administraciones públicas incluidas en su ámbito de aplicación, en ejercicio de las competencias atribuidas a la Comunidad Autónoma de Galicia en su Estatuto de autonomía y en desarrollo del Estatuto Básico del Empleado Público.

b) La regulación del régimen jurídico de la función pública gallega y la determinación de las normas aplicables a todo el personal al servicio de las administraciones públicas incluidas en su ámbito de aplicación, en ejercicio de las competencias atribuidas a la Xunta de Galicia en su Estatuto de autonomía y en desarrollo del Estatuto Básico del Empleado Público.

c) La regulación del régimen jurídico de la función pública gallega y la determinación de las normas aplicables a todo el personal, en ejercicio de las competencias atribuidas a la Comunidad Autónoma de Galicia en su Estatuto de autonomía y en desarrollo del Estatuto Básico del Empleado Público.

d) La regulación del régimen jurídico de los empleados públicos y la determinación de las normas aplicables a todo el personal al servicio de las administraciones públicas incluidas en su ámbito de aplicación, en ejercicio de las competencias atribuidas a la Comunidad Autónoma de Galicia en su Estatuto de autonomía y en desarrollo del Estatuto Básico del Empleado Público.

10. El nombramiento de un interino por exceso o acumulación de tareas, de carácter excepcional y circunstancial, tendrá un plazo máximo de:

a) 5 meses dentro de un período de 12 meses.

b) 6 meses dentro de un período de 10 meses.

c) 9 meses dentro de un período de 18 meses.

d) 3 meses dentro de un período de 12 meses.

11. Indica qué potestad tiene atribuida la Comunidad Autónoma de Galicia, con la finalidad de satisfacer los intereses generales:

a) La Xunta de Galicia tiene atribuida la potestad de autoorganización, que la faculta, de acuerdo con el ordenamiento jurídico, para estructurar, establecer el régimen jurídico y dirigir y fijar los objetivos de la función pública gallega.

b) La Comunidad Autónoma de Galicia tiene atribuida la potestad de organización, que la faculta, de acuerdo con el ordenamiento jurídico, para estructurar, establecer el régimen jurídico y dirigir y fijar los objetivos de la función pública gallega.

c) La Comunidad Autónoma de Galicia tiene atribuida la potestad de autoorganización, que la faculta, de acuerdo con el ordenamiento jurídico, para estructurar, establecer el régimen jurídico de la función pública gallega.

d) La Comunidad Autónoma de Galicia tiene atribuida la potestad de autoorganización, que la faculta, de acuerdo con el ordenamiento jurídico, para estructurar, establecer el régimen jurídico y dirigir y fijar los objetivos de la función pública gallega.

12. Indica qué es una relación de puestos de trabajo:

a) Es un instrumento jurídico de carácter público que incluye todos los puestos de trabajo de naturaleza funcionarial y laboral existentes en cada una de las administraciones públicas incluidas en el ámbito de aplicación de la Ley 2/2015.

b) Es un instrumento técnico de carácter público que incluye todos los puestos de trabajo de naturaleza funcionarial y laboral existentes en cada una de las administraciones públicas incluidas en el ámbito de aplicación de la Ley 2/2015.

c) Es un instrumento técnico de carácter público que incluye todos los puestos de trabajo de naturaleza funcionarial y laboral existentes en cada una de las administraciones públicas incluidas en el ámbito de aplicación de la Ley 3/2015.

d) Es un instrumento técnico de carácter público que incluye todos los puestos de trabajo de naturaleza laboral existentes en cada una de las administraciones públicas incluidas en el ámbito de aplicación de la Ley 2/2015.

13. Indica el contenido mínimo, por cada puesto, de las relaciones de puestos de trabajo:

a) El código alfanumérico, denominación y naturaleza jurídica. La clasificación profesional. El sistema de provisión.

b) La adscripción orgánica. El complemento retributivo del puesto.

c) Los requisitos y, en los casos en que proceda, las áreas funcionales, méritos, capacidades, experiencia o categoría profesional para su provisión.

d) Todas son correctas.

14. Indica qué principios presiden la selección de los empleados públicos:

a) Igualdad, con especial atención a la igualdad de oportunidades entre mujeres y hombres y de las personas con discapacidad.

b) Transparencia y objetividad en el desarrollo de los procesos selectivos y en el funcionamiento de los órganos de selección.

c) Imparcialidad y profesionalidad de los miembros de los órganos de selección.

d) Todas son correctas.

15. Indica si la renuncia es una causa de pérdida de la condición de personal funcionario:

a) No.

b) Sí.

c) Si es social, sí.

d) Ninguna es correcta.

16. Indica quién puede acceder al empleo público como personal funcionario en igualdad de condiciones con las personas de nacionalidad española:

a) Las personas que posean la nacionalidad de otros estados miembros de la Unión Europea.

b) Las personas, cualquiera que sea su nacionalidad, que sean cónyuges de personas que posean la nacionalidad española o de otros estados miembros de la Unión Europea, siempre que no estén separadas de derecho.

c) Las personas, cualquiera que sea su nacionalidad, descendientes de personas que posean la nacionalidad española o de otros estados miembros de la Unión Europea, siempre que sean menores de 21 años o mayores de dicha edad dependientes.

d) Todas son correctas.

17. Indica si el personal de elección o de designación política puede formar parte de un órgano de selección:

a) Sí.

b) No.

c) Depende del proceso.

d) Ninguna es correcta.

18. Indica cómo es el procedimiento de oposición:

a) La oposición consiste en la superación de las pruebas teóricas que se establezcan en la convocatoria, las cuales deberán permitir determinar la capacidad de las personas aspirantes y establecer el orden de prelación entre ellas.

b) La oposición consiste en la superación de las pruebas prácticas que se establezcan en la convocatoria, las cuales deberán permitir determinar la capacidad de las personas aspirantes y establecer el orden de prelación entre ellas.

c) La oposición consiste en la superación de las pruebas teóricas y/o prácticas que se establezcan en la convocatoria, las cuales deberán permitir determinar la capacidad de las personas aspirantes y establecer el orden de prelación entre ellas.

d) Ninguna es correcta.

19. Indica qué es el concurso:

a) Es el procedimiento extraordinario de provisión de puestos de trabajo por el personal funcionario y consiste en la valoración de los méritos y capacidades y, en su caso, aptitudes de los candidatos conforme a las bases establecidas en la correspondiente convocatoria.

b) El concurso consiste en la valoración exclusiva de los méritos que se señalen en la convocatoria.

c) Es el procedimiento normal de provisión de puestos de trabajo por el personal interino y consiste en la valoración de capacidades y, en su caso, aptitudes de los candidatos conforme a las bases establecidas en la correspondiente convocatoria.

d) Es el procedimiento normal de provisión de puestos de trabajo por el personal eventual y consiste en la valoración de los méritos y, en su caso, aptitudes de los candidatos conforme a las bases establecidas en la correspondiente convocatoria.

20. ¿Qué es el concurso-oposición?

a) El concurso-oposición consiste en la superación de las pruebas correspondientes, a las que será de aplicación lo para el concurso tecnico, así como en la posesión previa, debidamente valorada, de determinadas condiciones de formación, méritos o niveles de experiencia.

b) El concurso-oposición consiste en la superación de las pruebas correspondientes, a las que será de aplicación lo para la oposición, así como en la posesión previa, debidamente valorada, de determinadas condiciones de formación o niveles de experiencia.

c) El concurso-oposición consiste en la superación de las pruebas correspondientes, a las que será de aplicación lo para la oposición, así como en la posesión previa, debidamente valorada, de determinadas condiciones de formación, méritos o niveles de experiencia.

d) El concurso-oposición consiste en la superación de las pruebas correspondientes, a las que será de aplicación lo para la oposición, así como en la posesión previa, debidamente valorada, de determinadas condiciones de méritos o niveles de experiencia.

21. Queda excluido del ámbito de aplicación de la Ley 2/2015:

a) El personal funcionario.
b) El personal funcionario de las universidades públicas gallegas.
c) El personal laboral de la Xunta de Galicia.
d) El personal funcionario al servicio de la Administración de justicia en Galicia.

22. Indica qué tipos de concursos existen:

a) Ordinario.
b) Específico.
c) Son correctas a) y b).
d) Ninguna es correcta.

23. Es personal de confianza o de asesoramiento especial conforme a la Ley 2/2015:

a) El personal sanitario.
b) El personal estatutario.
c) El personal eventual.
d) Todas son correctas.

24. El personal funcionario de carrera se seleccionará ordinariamente por:

a) El sistema de oposición o por el sistema de concurso-oposición.
b) Solo en virtud de norma con rango de ley puede aplicarse, con carácter excepcional, el sistema de concurso.
c) Son correctas a) y b).
d) Ninguna es correcta.

25. Indica qué requisitos se deben cumplir, entre otros, para adquirir la condición de funcionario de carrera:

a) Superación del proceso selectivo.
b) Acreditación, en su caso, de que se reúnen los requisitos y condiciones exigidos en la convocatoria del proceso selectivo.
c) Nombramiento por el órgano o autoridad competente, que será publicado en el diario oficial correspondiente.
d) Todas son correctas.

26. La ejecución de la oferta de empleo público ¿en qué plazo improrrogable debe desarrollarse, a contar a partir del día siguiente al de la publicación de aquella en el correspondiente diario oficial?

a) 3 años.
b) 1 año.
c) En el primer trimestre de cada año tras la aprobación.
d) Todas son falsas.

27. ¿Qué edad se requiere para participar en un proceso selectivo?

a) Tener cumplidos los 18 años y no exceder, en su caso, de la edad máxima de jubilación forzosa.
b) Tener cumplidos los 17 años y no exceder, en su caso, de la edad máxima de jubilación forzosa.
c) Tener cumplidos los 19 años y no exceder, en su caso, de la edad máxima de jubilación forzosa.
d) Tener cumplidos los 16 años y no exceder, en su caso, de la edad máxima de jubilación forzosa.

28. Los procesos selectivos de los empleados públicos tendrán:

a) Carácter cerrado y garantizarán la libre concurrencia, sin perjuicio de lo establecido para la promoción interna y de las medidas de discriminación positiva previstas en la Ley 2/2015.
b) Carácter abierto y garantizarán la libre competencia, sin perjuicio de lo establecido para la promoción interna y de las medidas de discriminación positiva previstas en la Ley 2/2015.
c) Carácter abierto y garantizarán la libre concurrencia, sin perjuicio de lo establecido para la promoción externa y de las medidas de discriminación positiva previstas en la Ley 2/2015.
d) Carácter abierto y garantizarán la libre concurrencia, sin perjuicio de lo establecido para la promoción interna y de las medidas de discriminación positiva previstas en la Ley 2/2015.

29. Los procesos selectivos de los empleados públicos se iniciarán mediante convocatoria pública. Indica qué contiene una convocatoria pública:

a) El número de plazas, subgrupo o grupo de clasificación profesional, en el supuesto de que este no tenga subgrupo, cuerpo y, en su caso, escala, o categoría laboral.
b) Las condiciones y requisitos que deben reunir las personas aspirantes.
c) El sistema selectivo aplicable, el cual indicará el tipo de pruebas concretas y los sistemas de calificación de los ejercicios o, en su caso, los baremos de puntuación de los méritos.
d) Todas son correctas.

30. Indica en qué plazo puede el personal funcionario solicitar la prolongación de la permanencia en la situación de servicio activo:

a) Antelación mínima de 2 meses y máxima de 4 meses a la fecha en la que cumpla la edad de jubilación forzosa.

b) Antelación mínima de 3 meses y máxima de 5 meses a la fecha en la que cumpla la edad de jubilación forzosa.

c) Antelación mínima de 3 meses y máxima de 4 meses a la fecha en la que cumpla la edad de jubilación forzosa.

d) Antelación mínima de un mes y máxima de 3 meses a la fecha en la que cumpla la edad de jubilación forzosa.

Solución al test n.º 5

1. a) La Ley 2/2015, de 29 de abril.

2. b) Título III.

3. c) Personal fijo discontinuo.

4. b) Eventual.

5. a) 3 años, ampliables hasta 12 meses más de justificarlo la duración del correspondiente programa.

6. d) El nombramiento del personal eventual es libre.

7. b) En el ámbito de la Administración general de la Comunidad Autónoma de Galicia el personal eventual solo puede ser nombrado por las personas integrantes del Consello de la Xunta para realizar cometidos de asesoramiento especial o apoyo a las mismas en desarrollo de su labor política, en cumplimiento de sus cometidos de carácter parlamentario y en sus relaciones con las instituciones públicas, los medios de comunicación y las organizaciones administrativas, así como actividades protocolarias

8. b) Mérito y capacidad.

9. a) La regulación del régimen jurídico de la función pública gallega y la determinación de las normas aplicables a todo el personal al servicio de las administraciones públicas incluidas en su ámbito de aplicación, en ejercicio de las competencias atribuidas a la Comunidad Autónoma de Galicia en su Estatuto de autonomía y en desarrollo del Estatuto Básico del Empleado Público.

10. c) 9 meses dentro de un período de 18 meses.

11. d) La Comunidad Autónoma de Galicia tiene atribuida la potestad de autoorganización, que la faculta, de acuerdo con el ordenamiento jurídico, para estructurar, establecer el régimen jurídico y dirigir y fijar los objetivos de la función pública gallega.

12. b) Es un instrumento técnico de carácter público que incluye todos los puestos de trabajo de naturaleza funcionarial y laboral existentes en cada una de las administraciones públicas incluidas en el ámbito de aplicación de la Ley 2/2015.

13. d) Todas son correctas.

14. d) Todas son correctas.

15. b) Sí.

16. d) Todas son correctas.

17. b) No.

18. c) La oposición consiste en la superación de las pruebas teóricas y/o prácticas que se establezcan en la convocatoria, las cuales deberán permitir determinar la capacidad de las personas aspirantes y establecer el orden de prelación entre ellas.

19. b) El concurso consiste en la valoración exclusiva de los méritos que se señalen en la convocatoria.

20. c) El concurso-oposición consiste en la superación de las pruebas correspondientes, a las que será de aplicación lo para la oposición, así como en la posesión previa, debidamente valorada, de determinadas condiciones de formación, méritos o niveles de experiencia.

21. d) El personal funcionario al servicio de la Administración de justicia en Galicia.

22. c) Son correctas a) y b).

23. c) El personal eventual.

24. c) Son correctas a) y b).

25. d) Todas son correctas.

26. a) 3 años.

27. d) Tener cumplidos los 16 años y no exceder, en su caso, de la edad máxima de jubilación forzosa.

28. d) Carácter abierto y garantizarán la libre concurrencia, sin perjuicio de lo establecido para la promoción interna y de las medidas de discriminación positiva previstas en la Ley 2/2015.

29. d) Todas son correctas.

30. c) Antelación mínima de 3 meses y máxima de 4 meses a la fecha en la que cumpla la edad de jubilación forzosa.

TEST N.º 6

Ley 7/2023, de 30 de noviembre, para la igualdad efectiva de mujeres y hombres de Galicia: Título preliminar, Título I, Título II: Capítulos I y II

1. Según su artículo 1.1, el objeto de la Ley 7/2023, de 30 de noviembre, para la igualdad efectiva de mujeres y hombres de Galicia, es:

a) Actuar contra la violencia que, como manifestación de la discriminación, la situación de desigualdad y las relaciones de poder de los hombres sobre las mujeres, se ejerce sobre éstas por parte de quienes sean o hayan sido sus cónyuges o de quienes estén o hayan estado ligados a ellas por relaciones similares de afectividad, aun sin convivencia.

b) Hacer efectivo el derecho de igualdad de trato y oportunidades entre mujeres y hombres para, en el desarrollo de los artículos 9.2 y 14 de la Constitución y 4 del Estatuto de Autonomía para Galicia, seguir avanzando hacia una sociedad más democrática, más justa y más solidaria.

c) Regular los derechos y deberes de las personas físicas y jurídicas, tanto públicas como privadas, previendo medidas destinadas a eliminar y corregir en los sectores público y privado de la Comunidad Autónoma de Galicia, toda forma de discriminación por razón de sexo.

d) Reforzar el compromiso de la Comunidad Autónoma de Galicia con la eliminación de la discriminación de las mujeres y con la promoción de la igualdad entre mujeres y hombres.

2. Según el artículo 1.2.b) de la Ley 7/2023, es objeto en particular de esta ley, integrar la perspectiva de género en el diseño y desarrollo de las políticas públicas de la competencia de la Administración general de la Comunidad Autónoma de Galicia y de su sector público, de forma:

a) Sostenible.
b) Transversal.
c) Colaborativa.
d) Efectiva.

3. Conforme al artículo 1.2 de la Ley 7/2023, de 30 de noviembre, para la igualdad efectiva de mujeres y hombres de Galicia, esta ley, en particular, tiene como objeto establecer garantías institucionales adicionales para la defensa y promoción de los derechos de igualdad de género, atribuyendo competencias específicas a:

a) El Valedor del Pueblo.
b) La Comisión Consultiva Autonómica para la Igualdad entre Mujeres y Hombres en la Negociación Colectiva.
c) El Consejo Gallego de las Mujeres.
d) La Comisión Interdepartamental de Igualdad.

4. Según el artículo 2 de la Ley 7/2023, la igualdad de trato y de oportunidades entre mujeres y hombres:

a) Es un deber de las Administraciones Públicas gallegas.
b) Es una fuente formal del Derecho autonómico.
c) Es un principio informador del ordenamiento jurídico autonómico.
d) Es un objetivo fundamental del procedimiento administrativo en Galicia.

5. En aplicación del principio de transversalidad de la dimensión de género, la Administración general de la Comunidad Autónoma de Galicia y el sector público autonómico establecen como uno de sus criterios de su actuación y para evitar los efectos negativos sobre los derechos de la mujer, el fomento de la comprensión de la maternidad como:

a) Una función social.
b) Una solución política.
c) Una necesidad existencial.
d) Un don divino.

6. Siguiendo el artículo 20 de la Ley 7/2023, de 30 de noviembre, para la igualdad efectiva de mujeres y hombres de Galicia, la Administración general de la Comunidad Autónoma de Galicia y el sector público autonómico, en aplicación del principio de transversalidad de la dimensión de género, establecen como uno de sus criterios de actuación el fomento de la igualdad de oportunidades en la política económica, laboral y social, a través de (señala la opción incorrecta):

a) La supresión de la brecha salarial y de las diferencias retributivas por razón de sexo.
b) La eliminación de la segregación horizontal y vertical.
c) El fomento del empleo femenino por cuenta propia o ajena.
d) El asociacionismo de las mujeres, la dinamización del tejido asociativo y la creación de redes.

7. Según el artículo 22.1 de la Ley 7/2023, los proyectos de ley presentados en el Parlamento de Galicia por la Xunta de Galicia se acompañarán de:

a) Un Plan Estratégico de Igualdad de Oportunidades.

b) Una estadística o encuesta que posibilite el conocimiento de las diferencias en los valores, roles, situaciones y condiciones, de mujeres y hombres en el ámbito de acción del proyecto o plan.

c) Un informe periódico sobre el conjunto de sus actuaciones en relación con la efectividad del principio de igualdad entre mujeres y hombres.

d) Un informe sobre su impacto de género.

8. Según dispone el artículo 23 de la Ley 7/2023, de 30 de noviembre, para la igualdad efectiva de mujeres y hombres de Galicia, en la tramitación del proyecto de ley de presupuestos generales de la Comunidad Autónoma de Galicia, ¿qué órgano elaborará un informe que permita conocer la situación diferencial de las mujeres y de los hombres en relación con los distintos ámbitos prioritarios de intervención y el análisis de impacto de género de los diferentes programas de gasto?

a) El órgano encargado de la tramitación del proyecto.

b) El órgano competente en materia de planificación presupuestaria en colaboración con el órgano competente en materia de igualdad.

c) El Instituto Gallego de Estadística, en colaboración con el órgano competente en materia de igualdad, y el órgano competente en materia de planificación presupuestaria.

d) El órgano competente en materia de igualdad, en colaboración con el órgano competente en materia de planificación presupuestaria y el Instituto Gallego de Estadística.

9. Según dispone el artículo 25 de la Ley 7/2023, de 30 de noviembre, para la igualdad efectiva de mujeres y hombres de Galicia, si, emitido el informe de impacto de género, durante la tramitación administrativa de un plan de especial relevancia económica, social o cultural, de un reglamento o de un proyecto de ley, surgieran sospechas de un posible impacto de género negativo por la incorporación de nuevas medidas o disposiciones:

a) Se podrá solicitar un informe complementario al órgano competente en materia de igualdad.

b) Al no ser vinculante, el órgano encargado de la tramitación habrá de dejar constancia de las razones que justifican que el informe no se adopte.

c) Se remitirá el texto del reglamento o proyecto a la Xunta de Galicia, para que esta emita su propio informe de impacto de género.

d) Se declarará nulo el proyecto o reglamento, para que se redacte otro totalmente nuevo en su lugar.

10. El Consejo de la Xunta de Galicia, a propuesta del órgano competente en materia de igualdad entre mujeres y hombres, aprobará un plan estratégico de igualdad de oportunidades en el que se incluirán medidas necesarias para conseguir el objetivo de la igualdad efectiva de mujeres y hombres y de la erradicación de la violencia de género en la Comunidad Autónoma de Galicia. Según el artículo 26 de la Ley 7/2023, dicho plan se aprobará de forma:

a) Anual.
b) Bianual.
c) Cuatrienal.
d) Periódica.

11. El artículo 27 de la Ley 7/2023, establece una serie de actuaciones que deberán llevar a cabo la Administración de la Comunidad Autónoma de Galicia y las entidades instrumentales que integran el sector público autonómico en la elaboración de sus estudios y estadísticas. Cuál de las siguientes es una de dichas actuaciones:

a) Excluir sistemáticamente la variable de sexo en las estadísticas, encuestas y recogida de datos que lleven a cabo.
b) Realizar muestras lo suficientemente amplias para evitar que las diversas variables incluidas puedan ser explotadas y analizadas en función de la variable de sexo.
c) Explotar los datos de que disponen de modo que se puedan conocer las diferentes situaciones, condiciones, aspiraciones y necesidades de mujeres y hombres en los diferentes ámbitos de intervención.
d) Establecer e incluir en las operaciones estadísticas nuevos indicadores que posibiliten un mejor conocimiento de las similitudes en los valores, roles, situaciones, condiciones, aspiraciones y necesidades de mujeres y hombres.

12. Conforme al artículo 28 de la Ley 7/2023, de 30 de noviembre, para la igualdad efectiva de mujeres y hombres de Galicia, para elaborar la cuenta satélite de producción doméstica será necesario disponer previamente de:

a) Una encuesta de tiempo.
b) Un informe de impacto de género.
c) La evaluación de cumplimiento de los objetivos del Plan estratégico de igualdad de oportunidades.
d) Los informes complementarios de impacto de género.

13. Según el artículo 31 de la Ley 7/2023, ¿en qué consiste el uso no sexista del lenguaje?

a) En la utilización de ambos géneros de forma arbitraria.
b) En la utilización de expresiones lingüísticamente correctas substitutivas de otras que invisibilizan el femenino o que lo sitúan en un plano secundario respecto al masculino.

c) En la utilización de los dos géneros de forma conjunta; primero el femenino y después el masculino.

d) En la utilización en el lenguaje de expresiones neutras, que no se puedan asociar a ninguno de los géneros.

14. Según el artículo 4.2 de la Ley 7/2023, la situación en que se encuentra una persona que sea, haya sido o pudiera ser tratada, en atención a su sexo, de manera menos favorable que otra en situación comparable, se considera:

a) Discriminación directa.
b) Acoso sexual.
c) Discriminación indirecta.
d) Violencia de género.

15. En virtud del artículo 4.3 de la Ley 7/2023, la situación en que una disposición, criterio o práctica aparentemente neutros pone a personas de un sexo en desventaja particular con respecto a personas del otro:

a) En cualquier caso constituirá discriminación directa.
b) En cualquier caso constituirá discriminación indirecta.
c) No se considera discriminación indirecta si dicha disposición, criterio o práctica pueden justificarse objetivamente en atención a una finalidad legítima y los medios para alcanzar dicha finalidad son necesarios y adecuados.
d) En ningún caso podrá considerarse discriminación.

16. Según el artículo 5.1 de la Ley 7/2023, en el ámbito de acceso al empleo, incluida la formación correspondiente, no constituye discriminación por razón de sexo la diferencia de trato en base a una característica relacionada con el sexo de una persona cuando, debido a la naturaleza de las actividades profesionales concretas o al contexto en que se lleven a cabo, dicha característica constituya un requisito profesional esencial y determinante, siempre y cuando su objetivo sea legítimo y el requisito sea:

a) Proporcionado.
b) Inequívoco.
c) Justo.
d) Mesurable.

17. Según el artículo 7 de la Ley 7/2023, todo trato desfavorable a las mujeres relacionado con el embarazo o la maternidad constituye:

a) Acoso sexual.
b) Acoso por razón de sexo.
c) Discriminación directa por razón de sexo.
d) Discriminación indirecta por razón de sexo.

18. Cómo denomina el artículo 10 de la Ley 7/2023 a la discriminación por razón de sexo que se funda, por parte del sujeto discriminador, en una apreciación incorrecta del embarazo, la maternidad, las obligaciones familiares o el estado civil de la persona víctima:

a) Discriminación sexista prejuiciosa.
b) Discriminación sexista machista.
c) Discriminación sexista por error.
d) Discriminación sexista por asociación.

19. Siguiendo el artículo 11 de la Ley 7/2023, ¿cuándo se produce discriminación sexista interseccional?

a) Cuando, junto al sexo, concurren o interactúan otra u otras causas de discriminación, generando una forma específica de discriminación.
b) Cuando se sufre por razón del sexo, el embarazo, el parto o la maternidad, de la asunción de obligaciones familiares o del estado civil de otra persona con la que se estuviera relacionado.
c) Cuando una persona es discriminada de manera simultánea o consecutiva por razón de sexo y por otra u otras causas de discriminación.
d) Cuando la recibe el hombre por razón de su paternidad.

20. En virtud del artículo 12 de la Ley 7/2023, cualquier trato adverso o efecto negativo que se produzca en una persona como consecuencia de la presentación por su parte de queja, reclamación, denuncia, demanda o recurso, de cualquier tipo, destinados a impedir su discriminación y a exigir el cumplimiento efectivo del principio de igualdad de trato entre mujeres y hombres, se considerará:

a) Discriminación directa.
b) Discriminación por razón de sexo.
c) Injustificado.
d) Acoso sexual.

21. Según establece el artículo 13 de la Ley 7/2023, con el fin de hacer efectivo el derecho constitucional de la igualdad, los Poderes Públicos de Galicia adoptarán medidas específicas en favor de las mujeres para corregir situaciones patentes de desigualdad de hecho respecto de los hombres. Tales medidas, que serán aplicables en tanto subsistan dichas situaciones, habrán de ser en relación con el objetivo perseguido en cada caso razonables y:

a) Justificadas.
b) Autorizadas judicialmente.
c) Transparentes.
d) Proporcionadas.

22. Siguiendo el artículo 16 de la Ley 7/2023, ¿qué palabra falta en la siguiente frase?: "Con arreglo al ejercicio de los derechos de conciliación de la vida personal, familiar y laboral, como manifestación del derecho de las mujeres y hombres a la libre configuración de su tiempo, se promoverá la .... a través del reparto equilibrado entre mujeres y hombres de las obligaciones familiares, las tareas domésticas y el cuidado de personas dependientes mediante la individualización de los derechos y el fomento de su asunción por parte de los hombres y la prohibición de discriminación basada en su libre ejercicio por parte de estos".

a) Corresponsabilidad.
b) Equiparación.
c) Alternancia.
d) Cooperación.

23. Según dispone el artículo 17 de la Ley 7/2023, a través de la promoción de la igualdad de oportunidades entre mujeres y hombres, se buscará que la igualdad y libertad de las personas, con independencia de su sexo y de los estereotipos de género, sean reales y:

a) Equiparables.
b) Efectivas.
c) Frecuentes.
d) Permanentes.

Solución al test n.º 6

1. d) Reforzar el compromiso de la Comunidad Autónoma de Galicia con la eliminación de la discriminación de las mujeres y con la promoción de la igualdad entre mujeres y hombres.

2. b) Transversal.

3. a) El Valedor del Pueblo.

4. c) Es un principio informador del ordenamiento jurídico autonómico.

5. a) Una función social.

6. d) El asociacionismo de las mujeres, la dinamización del tejido asociativo y la creación de redes.

7. d) Un informe sobre su impacto de género.

8. d) El órgano competente en materia de igualdad, en colaboración con el órgano competente en materia de planificación presupuestaria y el Instituto Gallego de Estadística.

9. a) Se podrá solicitar un informe complementario al órgano competente en materia de igualdad.

10. d) Periódica.

11. c) Explotar los datos de que disponen de modo que se puedan conocer las diferentes situaciones, condiciones, aspiraciones y necesidades de mujeres y hombres en los diferentes ámbitos de intervención.

12. a) Una encuesta de tiempo.

13. b) En la utilización de expresiones lingüísticamente correctas substitutivas de otras que invisibilizan el femenino o que lo sitúan en un plano secundario respecto al masculino.

14. a) Discriminación directa.

15. c) No se considera discriminación indirecta si dicha disposición, criterio o práctica pueden justificarse objetivamente en atención a una finalidad legítima y los medios para alcanzar dicha finalidad son necesarios y adecuados.

16. a) Proporcionado.

17. c) Discriminación directa por razón de sexo.

18. c) Discriminación sexista por error.

19. a) Cuando, junto al sexo, concurren o interactúan otra u otras causas de discriminación, generando una forma específica de discriminación.

20. b) Discriminación por razón de sexo.

21. d) Proporcionadas.

22. a) Corresponsabilidad.

23. b) Efectivas.

TEST N.º 7

Real Decreto Legislativo 1/2013, de 29 de noviembre, por el que se aprueba el Texto Refundido de la Ley General de Derechos de las Personas con Discapacidad y de su Inclusión Social: Título Preliminar; Capítulo V, Sección 1ª, y Capítulo VIII del Título I y Título II

1. Cuando una persona o grupo en que se integra es objeto de un trato discriminatorio debido a su relación con otra por motivo o por razón de discapacidad, se produce:

a) Discriminación directa.
b) Discriminación indirecta.
c) Discriminación relativa.
d) Discriminación por asociación.

2. El principio en virtud del cual la sociedad promueve valores compartidos orientados al bien común y a la cohesión social, permitiendo que todas las personas con discapacidad tengan las oportunidades y recursos necesarios para participar plenamente en la vida política, económica, social, educativa, laboral y cultural, y para disfrutar de unas condiciones de vida en igualdad con los demás, se denomina:

a) Accesibilidad universal.
b) Inclusión social.
c) Normalización.
d) Acción positiva.

3. Se encarga de la recopilación, sistematización, actualización, generación de información y difusión relacionada con el ámbito de la discapacidad:

a) El Observatorio Estatal de la Discapacidad.
b) La Dirección General de Servicios Sociales
c) El Consejo Nacional de la Discapacidad.
d) El Consejo Interterritorial del Sistema Nacional de Salud.

4. El término "discapacidad" según la definición de la OMS engloba varios aspectos. Señalar de los siguientes cuál no es correcto:

a) Deficiencias.
b) Restricciones de la participación.
c) Dificultades sociales.
d) Limitaciones de la actividad.

5. Las restricciones de la participación son:

a) Problemas para participar en situaciones vitales.
b) Dificultades para ejecutar acciones o tareas.
c) Problemas que afectan a una estructura o función corporal.
d) Anomalías psicológicas de las personas.

6. A través de qué norma se aprueba el texto refundido de la Ley general de derechos de las personas con discapacidad y de su inclusión social:

a) Real decreto legislativo 2/2009, de 13 de noviembre.
b) Real decreto legislativo 1/2013, de 29 de noviembre.
c) Real decreto legislativo 1/2009, de 29 de noviembre.
d) Real decreto legislativo 2/2013, de 13 de noviembre.

7. La situación en que se encuentra una persona con discapacidad cuando es tratada de manera menos favorable que otra en situación análoga por motivo de o por razón de su discapacidad, se denomina:

a) Discriminación directa.
b) Discriminación indirecta.
c) Discriminación relativa.
d) Discriminación por asociación.

8. La adopción de medidas de acción positiva a favor de las personas con discapacidad, se entiende, según la Ley general de derechos de las personas con discapacidad y de su inclusión social, que es:

a) Discriminación indirecta.
b) Discriminación legal.
c) Normalización.
d) Igualdad de oportunidades.

9. El principio en virtud del cual las personas con discapacidad deben poder llevar una vida en igualdad de condiciones, accediendo a los mismos lugares, ámbitos, bienes y servicios que están a disposición de cualquier otra persona, se llama principio de:

a) Igualación.
b) Normalización.

c) Accesibilidad.
d) Equiparación.

10. La situación en la que la persona con discapacidad ejerce el poder de decisión sobre su propia existencia y participa activamente en la vida de su comunidad, conforme al derecho al libre desarrollo de la personalidad, se conoce como:

a) Normalización.
b) Inclusión social.
c) Vida independiente.
d) Integración.

11. El principio en virtud del cual las organizaciones representativas de personas con discapacidad y de sus familias participan, en los términos que establecen las leyes y demás disposiciones normativas, en la elaboración, ejecución, seguimiento y evaluación de las políticas oficiales que se desarrollan en la esfera de las personas con discapacidad, se llama principio de:

a) Transversalidad.
b) Participación activa.
c) Normalización.
d) Diálogo civil.

12. El principio en virtud del cual las actuaciones que desarrollan las Administraciones Públicas no se limitan únicamente a planes, programas y acciones específicos, pensados exclusivamente para estas personas, sino que comprenden las políticas y líneas de acción de carácter general en cualquiera de los ámbitos de actuación pública, en donde se tendrán en cuenta las necesidades y demandas de las personas con discapacidad, es el principio de:

a) Participación.
b) Integralidad.
c) Transversalidad.
d) Aplicación.

13. Tendrán la consideración de personas con discapacidad todas aquellas a quienes se les haya reconocido un grado de discapacidad igual o superior al:

a) 25 %.
b) 33 %.
c) 40 %.
d) 45 %.

14. No está recogido expresamente como uno de los principios de la Ley general de derechos de las personas con discapacidad y de su inclusión social:

a) La igualdad entre mujeres y hombres.
b) La vida independiente.

c) Diseño universal o diseño para todas las personas.
d) La igualdad de trato.

15. Toda conducta no deseada relacionada con la discapacidad de una persona, que tenga como objetivo o consecuencia atentar contra su dignidad o crear un entorno intimidatorio, hostil, degradante, humillante u ofensivo, se considera:

a) Acoso.
b) Maltrato.
c) Falta.
d) Exclusión.

16. Las personas con discapacidad tienen derecho a vivir de forma independiente y a participar plenamente en todos los aspectos de la vida. Para ello, los poderes públicos adoptarán las medidas pertinentes para asegurar:

a) El diálogo civil.
b) La accesibilidad universal.
c) El diseño universal.
d) La participación e inclusión plenas y efectivas en la sociedad.

17. La ausencia de toda discriminación directa o indirecta por motivo o por razón de discapacidad, en el empleo, en la formación y la promoción profesionales y en las condiciones de trabajo, es lo que se entiende por:

a) Accesibilidad.
b) Normalización.
c) Discriminación positiva.
d) Igualdad de trato.

18. A nivel estatal, el procedimiento para el reconocimiento, declaración y calificación del grado de discapacidad está regulado por:

a) El Real Decreto 888/2022, de 18 de octubre.
b) El Real Decreto 1997/2011, de 23 de noviembre.
c) El Real Decreto 1997/1999, de 20 de diciembre.
d) El Real Decreto 1971/1997, de 20 de noviembre.

19. ¿Cuántas clases de discapacidad contempla la Clasificación Internacional del Funcionamiento de la Discapacidad y de Salud (CIF)?

a) 3 clases.
b) 5 clases.
c) 6 clases.
d) 2 clases.

20. Uno de los principios de la Ley General de derechos de las personas con discapacidad y de su inclusión social, conforme a su artículo 3 es el respeto de la dignidad ………………….., la autonomía ……………., incluida la libertad de tomar las propias decisiones, y la ……………… de las personas. Señala ordenadamente que 3 palabras faltan en la anterior frase:

a) Inherente/individual/independencia.
b) Propia/social/libertad.
c) Individual/laboral/igualdad.
d) Adquirida/familiar/aceptación.

21. De conformidad con el artículo 32 de la Ley General de derechos de las personas con discapacidad y su inclusión social, en los proyectos de viviendas protegidas, se programará con las características constructivas y de diseño adecuadas que garanticen el acceso y desenvolvimiento cómodo y seguro de las personas con discapacidad, un mínimo del:

a) 4 %.
b) 7 %.
c) 10 %.
d) 14 %.

22. ¿Cuántas personas asesoras expertas figuran en la composición del Consejo Nacional de la Discapacidad?

a) 4.
b) 12.
c) 20.
d) 32.

23. ¿Con cuántas Vocalías cuenta en su composición el Consejo Nacional de la Discapacidad?

a) 12.
b) 20
c) 24.
d) 44.

24. En relación a la indemnización o reparación a que pueda dar lugar la reclamación correspondiente en virtud de la tutela judicial del derecho a la igualdad de oportunidades de las personas con discapacidad, regulada por el artículo 75 del RDL 1/2013, es cierto que:

a) La indemnización o reparación a que pueda dar lugar la reclamación correspondiente estará limitada por un tope máximo fijado «a priori».
b) La indemnización por daño moral procederá únicamente cuando existan perjuicios de carácter económico.

c) La indemnización por daño moral se valorará atendiendo a las circunstancias de la infracción y a la gravedad de la lesión.

d) No se contempla la indemnización por daño moral.

25. Es cierto que en el proceso jurisdiccional en que se haya suscitado una cuestión de discriminación por motivo de o por razón de discapacidad:

a) Corresponderá a la parte demandante la aportación de una justificación objetiva y razonable, suficientemente probada, de la conducta y de las medidas demandadas.

b) El Juez o Tribunal, a instancia de parte, podrá recabar informe o dictamen de los organismos públicos competentes.

c) Si de las alegaciones de la parte actora se deduce la existencia de indicios fundados de discriminación que lleven a un proceso penal, corresponderá a la parte demandada la aportación de una justificación objetiva y razonable, suficientemente probada, de la conducta y de las medidas adoptadas y de su proporcionalidad.

d) En un proceso contencioso-administrativo contra resolución sancionadora por las alegaciones de la parte actora con indicios fundados de discriminación, corresponderá a la parte demandada la aportación de una justificación objetiva y razonable, suficientemente probada, de la conducta y de las medidas adoptadas y de su proporcionalidad.

Solución al test n.º 7

1. d) Discriminación por asociación.

2. b) Inclusión social.

3. a) El Observatorio Estatal de la Discapacidad.

4. c) Dificultades sociales.

5. a) Problemas para participar en situaciones vitales.

6. b) Real decreto legislativo 1/2013, de 29 de noviembre.

7. a) Discriminación directa.

8. d) Igualdad de oportunidades.

9. b) Normalización.

10. c) Vida independiente.

11. d) Diálogo civil.

12. c) Transversalidad.

13. b) 33 %.

14. d) La igualdad de trato.

15. a) Acoso.

16. b) La accesibilidad universal.

17. d) Igualdad de trato.

18. a) El Real Decreto 888/2022, de 18 de octubre.

19. b) 5 clases.

20. a) Inherente/individual/independencia.

21. a) 4 %.

22. a) 4.

23. d) 44.

24. c) La indemnización por daño moral se valorará atendiendo a las circunstancias de la infracción y a la gravedad de la lesión.

25. b) El Juez o Tribunal, a instancia de parte, podrá recabar informe o dictamen de los organismos públicos competentes.

TEST N.º 8

Ley 31/1995, de 8 de noviembre, de Prevención de Riesgos Laborales: Capítulos I, II y III

1. La función de vigilancia y control de la normativa sobre prevención de riesgos laborales corresponde:

a) A la Dirección General de Personal y Desarrollo Profesional.
b) A la Delegación Provincial de Trabajo.
c) A la Inspección de Trabajo y Seguridad Social.
d) Al Servicio de Medicina Preventiva.

2. ¿Qué se entiende por "riesgo laboral"?

a) La posibilidad de que un trabajador sufra un determinado daño derivado del trabajo.
b) La posibilidad de que un trabajador sufra una enfermedad en el trabajo.
c) La posibilidad de que un trabajador sufra acoso.
d) El riesgo que supone el ir a trabajar.

3. ¿Quién debe garantizar a los trabajadores la vigilancia periódica de su estado de salud en función de los riesgos inherentes al trabajo?

a) La Inspección de Trabajo.
b) El propio trabajador.
c) El empresario.
d) Las secciones sindicales.

4. El derecho básico reconocido a los trabajadores por la Ley 31/1995, de 8 de noviembre, es:

a) La vigilancia de su estado de salud.
b) Una protección eficaz en materia de seguridad y salud en el trabajo.
c) La formación en materia preventiva.
d) La información, consulta y participación.

5. Indica cuál es la definición de prevención:

a) La probabilidad racional de que un riesgo se materialice de forma inminente.

b) El estudio de los procesos potencialmente peligrosos para el trabajo.

c) Conjunto de actividades o medidas adoptadas o previstas en todas las fases de actividad de la empresa con el fin de evitar o disminuir los riesgos derivados del trabajo.

d) Posibilidad de que un trabajador sufra un determinado daño derivado del trabajo.

6. Quedan bajo el ámbito de la Ley de Prevención de Riesgos Laborales:

a) La totalidad de las relaciones laborales reguladas en el Estatuto de los Trabajadores.

b) La totalidad de las relaciones laborales establecidas en el ámbito de las funciones públicas de policía y seguridad.

c) Las relaciones laborales de carácter especial del servicio del hogar familiar.

d) La totalidad de las relaciones laborales establecidas en los servicios operativos de protección civil y peritaje forense.

7. ¿Cuál es la vigente Ley de Prevención de Riesgos Laborales?

a) Ley 32/1995, de 8 de noviembre.

b) Ley 30/1996, de 8 de noviembre.

c) Ley 31/1995, de 6 de noviembre.

d) Ley 31/1995, de 8 de noviembre.

8. Entre los principios de la acción preventiva recogidos por el artículo 15 de la Ley de Prevención de Riesgos Laborales, no figura:

a) Evitar los riesgos.

b) Evaluar los riesgos que se puedan evitar.

c) Tener en cuenta la evolución de la técnica.

d) Dar las debidas instrucciones a los trabajadores.

9. Entre las obligaciones de los trabajadores recogidas por la Ley de Prevención de Riesgos Laborales, no figura:

a) Informar directamente al empresario de cualquier situación que entrañe riesgo para la seguridad o salud de los trabajadores.

b) Contribuir al cumplimiento de las obligaciones establecidas por la autoridad competente con el fin de proteger la seguridad y la salud de los trabajadores en el trabajo.

c) Cooperar con el empresario para que este pueda garantizar unas condiciones de trabajo que sean seguras y no entrañen riesgos para la seguridad y la salud de los trabajadores.

d) Utilizar correctamente los medios y equipos de protección facilitados por el empresario, de acuerdo con las instrucciones recibidas de este.

10. ¿Qué función corresponde a la Inspección de Trabajo y Seguridad Social?

a) Únicamente la función de vigilancia sobre prevención de riesgos laborales.
b) Únicamente la función de control de la normativa sobre prevención de riesgos laborales.
c) Tanto la función de vigilancia como la de control de la normativa sobre prevención de riesgos laborales.
d) Otras funciones, ajenas a la materia de prevención de riesgos laborales.

11. El órgano científico técnico especializado de la Administración General del Estado que tiene como misión el análisis y estudio de las condiciones de seguridad y salud en el trabajo, así como la promoción y apoyo a la mejora de las mismas, es:

a) El Instituto Nacional de Seguridad y Salud en el Trabajo.
b) La Comisión Nacional de Seguridad y Salud en el Trabajo.
c) El Instituto Carlos III.
d) El Centro Nacional de Promoción y Cuidados de la Salud.

12. La Presidencia de la Comisión Nacional de Seguridad y Salud en el Trabajo, corresponde a:

a) El titular del Ministerio competente en materia de Sanidad.
b) El titular del Ministerio competente en materia de Empleo.
c) El Secretario de Estado de Empleo.
d) El Director del Instituto Nacional de Seguridad y Salud en el Trabajo.

13. ¿Qué capítulo de la Ley 31/1995, de Prevención de Riesgos Laborales se refiere a los derechos y obligaciones?

a) Capítulo 2.
b) Capítulo 3.
c) Capítulo 4.
d) Capítulo 5.

14. La evaluación de los riesgos laborales es:

a) Es un proceso técnico en la organización del trabajo.
b) Un proceso dirigido a estimar la magnitud de los riesgos que no hayan podido evitarse.
c) Es un procedimiento estático.
d) Es una práctica para el control y la protección de los trabajadores.

15. En los casos de concurrencia de trabajadores de varias empresas en un centro de trabajo cuando existe un empresario principal, uno de los deberes de vigilancia por parte de este, consistirá en:

a) Impulsar la regulación de esquemas organizativos, que eviten los accidentes de trabajo.
b) Comprobar que las empresas contratistas y subcontratistas concurrentes en su centro de trabajo han establecido los necesarios medios de coordinación entre ellas.

c) Asegurar la correcta utilización por parte de los trabajadores de las empresas concurrentes de los correspondientes dispositivos de seguridad disponibles.

d) Asegurarse de que los trabajadores concurrentes disponen de la formación preventiva correspondiente.

16. Cuando los trabajadores estén expuestos a un riesgo grave e inminente con ocasión de su trabajo, y el empresario no adopte o no permita la adopción de las medidas necesarias para garantizar la seguridad y la salud de los trabajadores, la Ley 31/1995, de 8 de noviembre, de Prevención de Riesgos Laborales prevé:

a) Los trabajadores afectados podrán paralizar la actividad.

b) El órgano de representación del personal instará formalmente al empresario a la adopción de las medidas necesarias.

c) Los Delegados de Prevención lo comunicarán a la autoridad laboral, que adoptará las medidas necesarias.

d) El órgano de representación de personal podrá acordar la paralización de la actividad.

17. Según establece el art. 4 de la Ley 31/1995, de 8 de noviembre, de Prevención de Riesgos Laborales, se define como daños derivados del trabajo:

a) La posibilidad de que un trabajador sufra un determinado daño derivado del trabajo.

b) El que resulte probable racionalmente que se materialice en un futuro inmediato y pueda suponer y pueda suponer un daño grave para la salud de los trabajadores.

c) Las enfermedades, patologías o lesiones sufridas con motivo u ocasión del trabajo.

d) Cualquier máquina, aparato, instrumento o instalación utilizada en el trabajo.

18. El art. 10 de la LPRL establece las actuaciones que le corresponderán a las Administraciones Públicas en materia sanitaria. De las siguientes respuestas señale la incorrecta:

a) El establecimiento de medios adecuados para la evaluación y control de las actuaciones de carácter sanitario que se realicen en empresas por los servicios de prevención actuantes.

b) La supervisión de la formación que, en materia de prevención y promoción de la salud laboral, deba recibir el personal sanitario actuante en los servicios de prevención autorizados.

c) Elaborar los informes solicitados por los Juzgados de lo social en las demandas deducidas ante los mismos en los procedimientos de accidentes de trabajo y enfermedades profesionales.

d) La elaboración y divulgación de estudios, investigaciones y estadísticas relacionados con la salud de los trabajadores.

19. El art. 21 de la LPRL establece los requisitos y el procedimiento para que los representantes legales de los trabajadores acuerden la paralización de la actividad de los trabajadores que están o puedan estar expuestos a un riesgo grave e inminente si el empresario no adopta las medidas necesarias para garantizar la seguridad y salud de los trabajadores. La medida será adoptada por:

a) Acuerdo por mayoría absoluta de sus miembros. Tal acuerdo será comunicado de inmediato a la empresa y a la autoridad laboral, la cual, en el plazo de 48 horas, anulará o ratificará la paralización acordada.

b) Acuerdo por mayoría de 2/3 de sus miembros. Tal acuerdo será comunicado de inmediato a la empresa y a la autoridad laboral, la cual, en el plazo de 24 horas, anulará o ratificará la paralización acordada.

c) Acuerdo por mayoría de sus miembros. Tal acuerdo será comunicado de inmediato a la empresa y a la autoridad laboral, la cual, en el plazo de 48 horas, anulará o ratificará la paralización acordada.

d) Acuerdo por mayoría de sus miembros. Tal acuerdo será comunicado de inmediato a la empresa y a la autoridad laboral, la cual, en el plazo de 24 horas, anulará o ratificará la paralización acordada.

20. El art. 23 de la LPRL establece la documentación que el empresario debe elaborar y conservar a disposición de la autoridad laboral. De las siguientes no está incluido:

a) El Plan de prevención de riesgos laborales.

b) Evaluación de los riesgos para la seguridad y la salud en el trabajo.

c) La planificación de la actividad laboral.

d) La relación de accidentes de trabajo y enfermedades profesionales que hayan causado al trabajador una incapacidad laboral superior a un día de trabajo.

21. Los instrumentos esenciales para la gestión y aplicación del Plan de prevención de riesgos laborales son:

a) La evaluación de riesgos y la planificación de la actividad preventiva.

b) La evaluación inicial de riesgos y la formación.

c) La planificación y la gestión de la actividad preventiva.

d) La identificación y la evaluación de los riesgos.

22. El posible cambio de puesto de trabajo con riesgo para una trabajadora embarazada:

a) Deberá realizarse en caso de imposibilidad de adaptación del propio puesto.

b) Se hará previo informe en tal sentido del Servicio de Prevención.

c) Se determinará por el empresario, y dará información a los representantes de los trabajadores.

d) Se extenderá al período de lactancia.

23. La prevención de riesgos laborales deberá integrarse en el sistema general de gestión de la empresa a través de:

a) La política preventiva.
b) El plan de prevención.
c) El consenso de las partes.
d) El poder de decisión del empresario.

24. El objeto y carácter de la norma de la Ley 31/95 de Prevención de Riesgos Laborales dice:

a) La presente Ley tiene por objeto promover la salud de los trabajadores mediante la aplicación de medidas y el desarrollo de las actividades necesarias para la prevención de riesgos derivados del trabajo.
b) La presente Ley tiene por objeto promover la seguridad y la salud de los trabajadores mediante la aplicación de medidas y el desarrollo de las actividades necesarias para la prevención de riesgos derivados del trabajo.
c) La presente Ley tiene por objeto promover la seguridad de los trabajadores mediante la aplicación de medidas y el desarrollo de las actividades necesarias para la prevención de riesgos derivados del trabajo.
d) La presente Ley tiene por objeto promover la seguridad, la salud de los trabajadores y la negociación entre empresa y delegados de prevención, mediante la aplicación de medidas y el desarrollo de las actividades necesarias para la prevención de riesgos derivados del trabajo.

25. Las normas reglamentarias en materia de prevención las dicta:

a) El Gobierno, a través de las correspondientes normas reglamentarias y previa consulta a las organizaciones sindicales y empresariales más representativas.
b) Los Delegados de Prevención.
c) Los Delegados de Prevención y el Empresario.
d) El Empresario.

26. La Comisión Nacional de Seguridad y Salud en el trabajo, está compuesta por:

a) Representantes de las organizaciones sindicales y empresariales.
b) Un representante de cada una de las Comunidades Autónomas y representantes de las organizaciones sindicales y empresariales.
c) Representantes de la Administración y representantes de las organizaciones sindicales y empresariales.
d) Un representante de cada una de las Comunidades Autónomas y por igual número de miembros de la Administración General del Estado y, paritariamente con todos los anteriores, por representantes de las organizaciones empresariales y sindicales más representativas.

27. La acción preventiva en la empresa:

a) Se planificará por el Comité de Seguridad y Salud a partir de una evaluación inicial de riesgos.

b) Se planificará por los Delegados de Prevención a partir de una evaluación inicial de riesgos.

c) Se planificará por el empresario a partir de una evaluación inicial de riesgos.

d) Se planificará por los Delegados de Personal a partir de una evaluación inicial de riesgos.

28. ¿Cuándo se deben utilizar los equipos de protección individual?

a) Siempre.

b) Cuando los riesgos no hayan sido evaluados.

c) Cuando los riesgos no se puedan evitar o no puedan limitarse.

d) Cuando el trabajador lo estime oportuno.

29. ¿Debe el trabajador prestar su consentimiento para que le realicen vigilancia de la salud?

a) No.

b) Sí.

c) Depende del número de trabajadores de la empresa.

d) Esta prestación es solo para personal fijo en la empresa.

30. La información y formación de los trabajadores, debe ser asesorada y apoyada a la empresa por:

a) Por los Delegados de Prevención.

b) Por las Secciones Sindicales.

c) Por la Inspección de Trabajo y Seguridad Social.

d) Por los Servicios de Prevención.

Solución al test n.º 8

1. c) A la Inspección de Trabajo y Seguridad Social.

2. a) La posibilidad de que un trabajador sufra un determinado daño derivado del trabajo.

3. c) El empresario.

4. b) Una protección eficaz en materia de seguridad y salud en el trabajo.

5. c) Conjunto de actividades o medidas adoptadas o previstas en todas las fases de actividad de la empresa con el fin de evitar o disminuir los riesgos derivados del trabajo.

6. a) La totalidad de las relaciones laborales reguladas en el Estatuto de los Trabajadores.

7. d) Ley 31/1995, de 8 de noviembre.

8. b) Evaluar los riesgos que se puedan evitar.

9. a) Informar directamente al empresario de cualquier situación que entrañe riesgo para la seguridad o salud de los trabajadores.

10. c) Tanto la función de vigilancia como la de control de la normativa sobre prevención de riesgos laborales.

11. a) El Instituto Nacional de Seguridad y Salud en el Trabajo.

12. c) El Secretario de Estado de Empleo.

13. b) Capítulo 3.

14. b) Un proceso dirigido a estimar la magnitud de los riesgos que no hayan podido evitarse.

15. b) Comprobar que las empresas contratistas y subcontratistas concurrentes en su centro de trabajo han establecido los necesarios medios de coordinación entre ellas.

16. d) El órgano de representación de personal podrá acordar la paralización de la actividad.

17. c) Las enfermedades, patologías o lesiones sufridas con motivo u ocasión del trabajo.

18. c) Elaborar los informes solicitados por los Juzgados de lo social en las demandas deducidas ante los mismos en los procedimientos de accidentes de trabajo y enfermedades profesionales.

19. d) Acuerdo por mayoría de sus miembros. Tal acuerdo será comunicado de inmediato a la empresa y a la autoridad laboral, la cual, en el plazo de 24 horas, anulará o ratificará la paralización acordada.

20. c) La planificación de la actividad laboral.

21. a) La evaluación de riesgos y la planificación de la actividad preventiva.

22. a) Deberá realizarse en caso de imposibilidad de adaptación del propio puesto.

23. b) El plan de prevención.

24. b) La presente Ley tiene por objeto promover la seguridad y la salud de los trabajadores mediante la aplicación de medidas y el desarrollo de las actividades necesarias para la prevención de riesgos derivados del trabajo.

25. a) El Gobierno, a través de las correspondientes normas reglamentarias y previa consulta a las organizaciones sindicales y empresariales más representativas.

26. d) Un representante de cada una de las Comunidades Autónomas y por igual número de miembros de la Administración General del Estado y, paritariamente con todos los anteriores, por representantes de las organizaciones empresariales y sindicales más representativas.

27. c) Se planificará por el empresario a partir de una evaluación inicial de riesgos.

28. c) Cuando los riesgos no se puedan evitar o no puedan limitarse.

29. b) Sí.

30. d) Por los Servicios de Prevención.

PARTE ESPECÍFICA

TEST

TEST N.º 1

El cuerpo humano: concepto.
Características. Aparatos. Sentidos

1. De los siguientes tipos de articulaciones, ¿cuál es la menos móvil?

a) Enartrosis.
b) Diartrosis.
c) Sinartrosis.
d) Trocleares.

2. La región de crecimiento de los huesos largos es:

a) Epífisis
b) Diáfisis.
c) Cuellos anatómicos.
d) Metáfisis.

3. Según el tamaño, los huesos se clasifican en:

a) Largos y cortos.
b) Radiados.
c) Papiráceos.
d) Ninguna de las respuestas anteriores es correcta.

4. Los huesos que presenta un cuerpo más o menos voluminoso y del que parten una serie de ramificaciones se denominan:

a) Cortos.
b) Papiráceos.
c) Anchos.
d) Radiados.

5. Los huesos en los que predomina el eje longitudinal sobre el resto de las dimensiones son huesos:

a) Cortos.
b) Largos.

c) Anchos o planos.
d) Arqueados.

6. El fémur es un hueso:

a) Radiado.
b) Corto.
c) Ancho.
d) Largo.

7. El escafoides es un hueso:

a) Largo.
b) Corto.
c) Ancho o plano.
d) Radiado.

8. El esqueleto humano representa con respecto al peso corporal de una persona adulta:

a) El 50%
b) La mitad.
c) Un tercio.
d) Un cuarto.

9. Las células que se encargan de la reabsorción del tejido óseo, tanto de la parte proteica como mineral, se llaman:

a) Eritrocitos.
b) Osteocitos.
c) Osteoclastos.
d) Leucocitos.

10. El esqueleto humano está formado por:

a) 150 piezas.
b) 206 piezas.
c) 175 piezas.
d) 186 piezas.

11. ¿Qué mineral de los que se nombran a continuación no existe en el hueso?

a) Calcio.
b) Sodio.
c) Magnesio.
d) Manganeso.

12. Los huesos del cráneo son huesos:

a) Largos.
b) Cortos.
c) Planos.
d) Arqueados.

13. La medula ósea puede ser amarilla. ¿A qué se debe este color?

a) A su alto contenido en hidratos de carbono.
b) A su alto contenido en grasas.
c) A su alto contenido en proteínas.
d) A su alto contenido en aminoácidos.

14. La silla turca se encuentra en el hueso:

a) Occipital.
b) Etmoides.
c) Esfenoides.
d) Parietales.

15. El Foramen Magnum se encuentra en el hueso:

a) Etmoides.
b) Occipital.
c) Esfenoides.
d) Temporal.

16. ¿De cuántas vértebras consta la Raquis Cervical?

a) De 7.
b) De 12.
c) De 5.
d) De 4.

17. ¿De cuántas vértebras consta el raquis dorsal?

a) De 9.
b) De 12.
c) De 7.
d) De 14.

18. En la extremidad superior ¿qué hueso no está presente?

a) La clavícula.
b) El húmero.

c) La escápula.
d) El isquion.

19. No es un hueso de la muñeca:

a) Hueso pisiforme.
b) Hueso piramidal.
c) Hueso semilunar.
d) Hueso astrágalo.

20. Señale la respuesta incorrecta. Las articulaciones se clasifican según su estructura en:

a) Fibrosas.
b) Compactas.
c) Cartilaginosas.
d) Sinoviales.

21. Las articulaciones se clasifican según el tipo de movimiento en:

a) Artrodias.
b) Trocleares.
c) Condíleas.
d) Todas son correctas.

22. ¿Dónde se localiza el músculo oblicuo mayor?

a) En la parte posterior del tronco.
b) En los músculos de la cara anterior del tórax.
c) En los músculos del brazo.
d) Entre los músculos de la pared del abdomen.

23. Dentro de los músculos del hombro, destacan los siguientes, excepto:

a) Deltoides.
b) Coracobraquial.
c) Supraespinoso.
d) Subescapular.

24. El conducto medular que aloja la médula ósea en los huesos largos se sitúa fundamentalmente en:

a) La epifisis.
b) La diáfisis.
c) La metáfisis.
d) Se encuentra a lo largo de toda la longitud del hueso.

25. En nuestro esqueleto:

a) El vómer es un hueso del cráneo.
b) El húmero se articula con la escápula.
c) Existe un hueso escafoides en la mano y otro en el pie.
d) Son correctas b) y c).

26. Una de las afirmaciones siguientes es falsa. Señálala:

a) El esternón se localiza en la parte anterior del tórax.
b) Las costillas verdaderas corresponden a los siete primeros pares.
c) El número total de costillas en la especie humana es de 24.
d) Constituyen las llamadas costillas falsas los siete últimos pares.

27. Una estructura ósea constituida por un cuerpo, arco que encierra un agujero y varias apófisis corresponde a:

a) Hioides.
b) Martillo.
c) Etmoides.
d) Vértebra.

28. Un ejemplo característico de anfiartrosis es la articulación de:

a) La rodilla.
b) Cadera.
c) Sínfisis del pubis.
d) Sacro-ilíaca.

29. La articulación de la cadera es una:

a) Enartrosis.
b) Artrodia.
c) Troclear.
d) Condílea.

30. El movimiento de separación del miembro inferior derecho del plano medio sagital se conoce como movimiento de:

a) Abducción.
b) Aducción.
c) Rotación.
d) Flexión.

31. El movimiento de aproximación del miembro inferior izquierdo al plano medio sagital se conoce como movimiento de:

a) Extensión.
b) Abducción.
c) Aducción.
d) Circunducción.

32. Un músculo que por su función se opone directamente a la función de otro músculo se dice que es:

a) Agonista.
b) Sinérgico.
c) Antagonista.
d) Pronador.

33. El aparato locomotor está formado por:

a) Articulaciones.
b) Músculos.
c) Huesos.
d) Todos los anteriores.

34. La parte activa del aparato locomotor está representada por:

a) Los huesos.
b) Las articulaciones.
c) Los músculos.
d) Por todos los anteriores.

35. ¿De qué cavidades consta el corazón?

a) Un ventrículo y tres aurículas.
b) Dos ventrículos y una aurícula.
c) Dos ventrículos y dos aurículas.
d) Tres ventrículos y una aurícula.

36. La válvula mitral del corazón separa:

a) Aurícula derecha-ventrículo izquierdo.
b) Ventrículo derecho-aurícula izquierda.
c) Aurícula derecha-ventrículo derecho.
d) Aurícula izquierda-ventrículo izquierdo.

37. Las venas pulmonares desembocan en el corazón a través de:

a) La aurícula izquierda.
b) La aurícula derecha.

c) El ventrículo izquierdo.
d) El ventrículo derecho.

38. La capa muscular del corazón se denomina:

a) Endocardio.
b) Miocardio.
c) Pericardio.
d) Endotelio.

39. Desde el punto de vista funcional, los vasos sanguíneos se dividen en:

a) Vasos de conducción.
b) Vasos de distribución.
c) Vasos de resistencia.
d) Todas son correctas.

40. La dentina del diente está protegida por:

a) La pulpa.
b) El cemento.
c) El esmalte.
d) Las respuestas b) y c) son correctas.

41. Los dientes que presentan una corona de forma cónica o puntiaguda y raíz simple son:

a) Caninos.
b) Incisivos.
c) Premolares.
d) Molares.

42. La dentición definitiva consta de:

a) 20 piezas.
b) 32 piezas.
c) 38 piezas.
d) 28 piezas.

43. Pieza dentaria con corona de borde cortante y raíz única. Se trata de un:

a) Canino.
b) Premolar.
c) Incisivo.
d) Molar.

44. Respecto a la dentición se puede afirmar que:

a) La dentición temporal consta de 32 piezas.
b) Los premolares no están presentes en la dentición temporal.
c) Existen dos premolares en cada hemiarcada dentaria, cuando se trata de una dentición de leche.
d) Los molares poseen una sola raíz.

45. Las amígdalas palatinas se localizan en la:

a) Nasofaringe.
b) Orofaringe.
c) Laringe.
d) Laringo-faringe.

46. Las amígdalas faríngeas se localizan en la:

a) Nasofaringe.
b) Orofaringe.
c) Laringe.
d) Tráquea.

47. ¿Cuál/es de las glándulas que se citan son salivares?

a) Parótidas.
b) Submaxilares.
c) Sublinguales.
d) Todas.

48. A través del conducto de Stenon desagua la glándula:

a) Parótida.
b) Submaxilar.
c) Sublingual.
d) Bartolino.

49. A través del conducto de Rivinos desagua la glándula:

a) Submaxilar.
b) Sublingual.
c) Parótida.
d) Páncreas exocrino.

50. Una de las afirmaciones que se hacen seguidamente es falsa. ¿Cuál?

a) Las glándulas parótidas son dos glándulas situadas debajo del conducto auditivo externo.
b) La glándula submaxilar es única y está situada en la parte posterior del suelo de la boca.

c) La orofaringe es común al aparato digestivo y respiratorio.

d) La saliva no interviene en la digestión de los alimentos.

51. La ampolla de Vater se localiza en:

a) Estómago.

b) Yeyuno.

c) Duodeno.

d) Ciego.

52. Las glándulas de Lieberkhün:

a) Se localizan en el intestino.

b) Se localizan en la boca.

c) Son productoras de enzimas.

d) Las respuestas a) y c) son correctas.

53. El cardias:

a) Es una válvula cardiaca.

b) Es un esfínter situado entre el esófago y el estómago.

c) Es una válvula situada entre la aurícula derecha y ventrículo del mismo lado en el corazón.

d) Las respuestas a) y c) son correctas.

54. El píloro:

a) Es un esfínter anatómico y funcional.

b) Separa el antro pilórico del estómago de la primera porción del intestino delgado (duodeno).

c) Es un esfínter anatómico pero no funcional.

d) Las respuestas a) y b) son correctas.

55. Las células principales del estómago son productoras de:

a) Pepsina.

b) ClH.

c) Factor intrínseco.

d) Mucina.

56. El hígado:

a) Es una glándula anexa al aparato digestivo.

b) Interviene en el metabolismo de los principios inmediatos.

c) Es productor de bilis que ayuda al proceso de la digestión y absorción de los alimentos ingeridos.

d) Todas son correctas.

57. El páncreas:

a) Se sitúa transversalmente en la parte posterior de la cavidad abdominal.
b) Es una glándula exocrina.
c) Es una glándula endocrina.
d) Todas.

58. La nasofaringe se conoce también como:

a) Orofaringe.
b) Bucofaringe.
c) Hipofaringe.
d) Rinofaringe.

59. Una de las afirmaciones siguientes es falsa:

a) El intestino delgado tiene una longitud mayor que el intestino grueso.
b) La segunda porción del intestino delgado es el yeyuno-íleon.
c) El ciego es la última porción del intestino grueso.
d) El colon sigmoideo tiene forma de «S».

60. En la dentición infantil o también llamada de leche hay:

a) 12 molares.
b) 8 premolares.
c) 20 piezas.
d) Todas.

61. Las paredes de la laringe están formadas por:

a) Cartílagos laríngeos.
b) Músculos de la laringe.
c) Cuerdas vocales.
d) Todas son correctas.

62. Entre las funciones de la tráquea y los bronquios, no se encuentra:

a) Transportar el aire entre el exterior y el interior de los pulmones.
b) Calentar el aire transportado.
c) Humedecer el aire transportado.
d) Favorecer los movimientos respiratorios del pulmón facilitando así la respiración.

63. El volumen de aire que entra y sale del aparato respiratorio en un minuto se conoce como:

a) Frecuencia respiratoria.
b) Volumen de reserva espiratoria.

c) Volumen residual.
d) Ventilación pulmonar.

64. En la composición del aire alveolar no se encuentra:

a) Nitrógeno.
b) Oxígeno.
c) Bicarbonato sódico.
d) Dióxido de carbono.

65. El intercambio de gases que se produce en los pulmones al respirar, se conoce como:

a) Respiración.
b) Hematosis.
c) Inspiración.
d) Espiración.

66. Las neuronas que llevan impulsos desde la periferia hasta el sistema nervioso central se denominan:

a) Aferentes.
b) Eferentes.
c) Periféricas.
d) Transmisoras.

67. La memoria y la audición corren a cargo del lóbulo cerebral:

a) Frontal.
b) Parietal.
c) Temporal.
d) Occipital.

68. La parte del sistema nervioso que controla el sistema musculoesquelético, permite los movimientos coordinados, mantiene el equilibrio y la posición erecta, se denomina:

a) Tronco cerebral.
b) Cerebelo.
c) Médula espinal.
d) Ninguna es correcta.

69. El sistema nervioso periférico consta de:

a) 12 pares de nervios craneales.
b) 31 pares de nervios espinales.
c) 24 pares de nervios craneales.
d) Las respuestas a) y b) son correctas.

Solución al test n.º 1

1. c) Sinartrosis.

2. d) Metáfisis.

3. a) Largos y cortos.

4. d) Radiados.

5. b) Largos.

6. d) Largo.

7. b) Corto.

8. c) Un tercio.

9. c) Osteoclastos.

10. b) 206 piezas.

11. d) Manganeso.

12. c) Planos.

13. b) A su alto contenido en grasas.

14. c) Esfenoides.

15. b) Occipital.

16. a) De 7.

17. b) De 12.

18. d) El isquion.

19. d) Hueso astrágalo.

20. b) Compactas.

21. d) Todas son correctas.

22. d) Entre los músculos de la pared del abdomen.

23. b) Coracobraquial.

24. b) La diáfisis.

25. d) Son correctas b) y c).

26. d) Constituyen las llamadas costillas falsas los siete últimos pares.

27. d) Vértebra.

28. c) Sínfisis del pubis.

29. a) Enartrosis.

30. a) Abducción.

31. c) Aducción.

32. c) Antagonista.

33. d) Todos los anteriores.

34. c) Los músculos.

35. c) Dos ventrículos y dos aurículas.

36. d) Aurícula izquierda-ventrículo izquierdo.

37. a) La aurícula izquierda.

38. b) Miocardio.

39. d) Todas son correctas.

40. d) Las respuestas b) y c) son correctas.

41. a) Caninos.

42. b) 32 piezas.

43. c) Incisivo.

44. b) Los premolares no están presentes en la dentición temporal.

45. b) Orofaringe.

46. a) Nasofaringe.

47. d) Todas.

48. a) Parótida.

49. b) Sublingual.

50. d) La saliva no interviene en la digestión de los alimentos.

51. c) Duodeno.

52. d) Las respuestas a) y c) son correctas.

53. b) Es un esfínter situado entre el esófago y el estómago.

54. d) Las respuestas a) y b) son correctas.

55. a) Pepsina.

56. d) Todas son correctas.

57. d) Todas.

58. d) Rinofaringe.

59. c) El ciego es la última porción del intestino grueso.

60. c) 20 piezas.

61. d) Todas son correctas.

62. d) Favorecer los movimientos respiratorios del pulmón facilitando así la respiración.

63. d) Ventilación pulmonar.

64. c) Bicarbonato sódico.

65. b) Hematosis.

66. a) Aferentes.

67. c) Temporal.

68. b) Cerebelo.

69. d) Las respuestas a) y b) son correctas.

TEST N.º 2

**El personal cuidador dentro de la escuela o centro.
Su participación en el proceso educativo y socializador.
Relaciones con los familiares y con el personal especializado**

1. Señala la afirmación correcta sobre la terea del cuidador en el centro educativo:

a) Tiene que mantener un contacto con el Tutor del aula, para coordinar las diferentes actividades.

b) Su papel se relaciona fundamentalmente con la transmisión de contenidos conceptuales.

c) Su labor es el apoyo al alumnado con discapacidad para fomentar su dependencia.

d) Todas son correctas.

2. Entre las funciones del personal auxiliar cuidador destinado a la atención del alumnado con necesidades educativas especiales se encuentra:

a) Realizar los cambios y el control postural que ese alumnado necesite.

b) Contribuir a su cuidado durante todo el período lectivo, incluso dentro del aula cuando resulte necesario.

c) Colaborar en la atención de ese alumnado durante el tiempo de recreo, juego y/u ocio.

d) Todas son correctas.

3. Según artículo 80 de la Orden de 8 de septiembre de 2021 el personal auxiliar cuidador es un recurso profesional de apoyo para atender al alumnado con necesidades educativas especiales que presente alguna de una serie de características específicas. ¿Cuál de estas características es incorrecta?

a) Necesidad de ser acompañado en todos o en parte de sus desplazamientos.

b) Necesidad de control de conductas disruptivas y agresivas.

c) Necesidad de asistencia imprescindible en su alimentación.

d) Ausencia de hábitos básicos de autonomía y de vida en sociedad.

4. ¿Cuál es la ratio máxima de personal auxiliar cuidador y alumnado con necesidades educativas especiales?

a) No excederá de 1/6, teniendo en cuenta las necesidades de atención del alumnado.

b) No excederá de 2/6, teniendo en cuenta las necesidades de atención del alumnado.

c) No excederá de 3/6, teniendo en cuenta las necesidades de atención del alumnado.
d) No excederá de 4/6, teniendo en cuenta las necesidades de atención del alumnado.

5. Para el buen funcionamiento del aula de educación especial se necesita:

a) Que el Centro disponga de internado.
b) Que el Profesor-Tutor sea Licenciado en Psicología.
c) Que exista una coordinación entre los diferentes profesionales del Centro (Educadores, Profesores, Ayudantes Técnicos Educativos, etc.).
d) Que el Centro esté situado al lado de otros Centros educativos.

6. ¿Quiénes, de los que se especifican, intervendrán en el proceso de aprendizaje del hábito de vestirse?

a) Cuidador.
b) Profesor-Tutor.
c) Padres.
d) Todos los anteriores.

7. En el proceso de adaptación física del aula a los niños con NEE, el cuidador actuará de la siguiente manera:

a) Ayudándole siempre a superar las barreras físicas.
b) Ayudándole solo cuando lo necesite.
c) Sobreprotegiendo al niño.
d) No hará falta que le preste ninguna ayuda, pues así desarrollará su autonomía personal.

8. ¿En cuál de estas actividades de autonomía personal, el cuidador no juega un papel importante?

a) Vestirse.
b) Alimentarse.
c) Lavarse.
d) Corregir trastornos de lectura.

9. Las actividades relacionadas con la percepción incluyen:

a) Visión.
b) Audición.
c) Orientación espacial.
d) Todas las anteriores.

10. Las actividades relacionadas con el desarrollo psicomotor no incluyen:

a) El esquema corporal.
b) La coordinación manual.

c) Los hábitos de independencia personal.
d) La lectoescritura.

11. De los siguientes aspectos, señale el que considere más importante para el éxito de la educación especial:

a) Un profesorado motivado, convencido y cualificado.
b) Existencia de cuidador con la preparación adecuada.
c) La comunicación y coordinación entre padres y educadores.
d) Todas son ciertas.

12. ¿Cómo se establece la coordinación del cuidador con los Profesores, Educadores, etc.?

a) Una vez aclaradas las funciones de cada profesional, la coordinación ocupa un lugar secundario.
b) Sobre la base del Programa Educativo de Educación Especial.
c) En las reuniones trimestrales del Centro.
d) Sobre la base de las directrices marcadas por el profesor.

13. El cuidador debe relacionarse educativamente con la familia del niño con discapacidad:

a) Lo menos posible.
b) Solo si lo solicitan los padres.
c) Con frecuencia.
d) En circunstancias excepcionales.

14.Señala la opción falsa. En las relaciones de los padres con el personal auxiliar cuidador:

a) El niño nunca estará presente en las reuniones.
b) Los padres continuarán en casa las actividades de autonomía personal iniciadas en el Centro escolar.
c) Esta relación beneficia tanto a los padres como al alumno.
d) La coordinación potenciará los aprendizajes adquiridos.

15. El cuidador informará a la familia de las habilidades a desarrollar en casa que se especifican a continuación, excepto una:

a) Hábitos de alimentación.
b) Hábitos de aseo personal.
c) Hábitos de vestirse.
d) Desarrollo psicológico del niño.

16. El profesional que colabora con el cuidador en los posibles sistemas de comunicación aumentativa y/o alternativa es:

a) El psicólogo o pedagogo.
b) El logopeda.
c) El fisioterapeuta.
d) El profesor de pedagogía terapéutica.

17. Para suscitar el interés del sujeto durante el proceso educativo el cuidador debe:

a) Partir de las necesidades del niño.
b) Partir de los procesos más complejos.
c) Partir de los procesos más sencillos.
d) Ninguna es correcta.

18. Para que un niño pueda llegar a integrarse adecuadamente en la sociedad, el cuidador deberá atender necesidades:

a) De individualización.
b) De socialización.
c) De salud.
d) Las respuestas a) y b) son correctas.

19. Una de las claves para la consecución de la autonomía personal es:

a) Hacer todo lo que el niño no sea capaz de hacer por sí mismo, sin permitir que lo intente.
b) Dejar que el niño realice él solo todas las actividades de la vida diaria desde los tres años de edad.
c) Conseguir que el niño tenga confianza en sí mismo.
d) No entrenarlo en ningún aspecto. Cuando tenga la madurez necesaria ya adquirirá él solo la autonomía.

20. En la integración social del alumno con discapacidad es básica la labor del cuidador. Para ello deberá evitar:

a) La participación.
b) La comunicación.
c) La competitividad.
d) Refuerzos positivos o premios.

21. Para que la figura del cuidador contribuya de manera positiva a la inclusión del alumnado es fundamental que:

a) Se sienta parte integrante del equipo educativo.
b) Trabaje de forma autónoma sin coordinarse con el resto del personal educativo.

c) Tenga a su cargo a un solo alumno.

d) Se considere personal docente.

22. Sobre las investigaciones sobre la contribución del auxiliar técnico educativo (cuidador) para el desarrollo de la plena inclusión podemos decir que:

a) No existe ninguna.

b) Aun son escasas.

c) Son numerosas.

d) Carecen de interés.

23. Este cuestionario mide "las percepciones del profesional sobre la educación inclusiva considerando su opinión acerca del alumnado con nee, la aceptación del alumnado con diferentes necesidades y sus concepciones sobre la implementación de la inclusión en la dinámica escolar cotidiana. ¿De qué cuestionario hablamos?

a) STAI

b) SACIE-R.

c) Índice de Barthel.

d) Escala de Lawton y Brody.

24. Algunos cuidadores expresan que han tenido cierta dificultad para integrarse en el centro educativo. Esto se debe principalmente a:

a) El hecho de trabajar con alumnos con discapacidad.

b) No son tutores de ningún grupo.

c) En general no hay un conocimiento claro sobre las funciones del cuidador.

d) Son trabajadores independientes que no tienen que coordinarse con otros profesionales, lo que no facilita su integración.

25. Para favorecer la inclusión educativa es fundamental que:

a) No exista coordinación.

b) El cuidador no participe en las reuniones de coordinación con el resto de profesionales del centro.

c) La coordinación sea efectiva y que el cuidador participe en las reuniones que se llevan a cabo.

d) No se hagan reuniones de coordinación.

26. Uno de los aspectos más positivos y mejor valorado de los cuidador sobre sus funciones en el centro escolar es:

a) Relación con el personal docente.

b) Situación emocional del cuidador.

c) Relación del cuidador con el alumnado y su familia.

d) Relación del alumno con el resto de agentes.

Solución al test n.º 2

1. a) Tiene que mantener un contacto con el Tutor del aula, para coordinar las diferentes actividades.

2. d) Todas son correctas.

3. b) Necesidad de control de conductas disruptivas y agresivas.

4. a) No excederá de 1/6, teniendo en cuenta las necesidades de atención del alumnado.

5. c) Que exista una coordinación entre los diferentes profesionales del Centro (Educadores, Profesores, Ayudantes Técnicos Educativos, etc.).

6. d) Todos los anteriores.

7. b) Ayudándole solo cuando lo necesite.

8. d) Corregir trastornos de lectura.

9. d) Todas las anteriores.

10. d) La lectoescritura.

11. d) Todas son ciertas.

12. b) Sobre la base del Programa Educativo de Educación Especial.

13. c) Con frecuencia.

14. a) El niño nunca estará presente en las reuniones.

15. d) Desarrollo psicológico del niño.

16. b) El logopeda.

17. a) Partir de las necesidades del niño.

18. d) Las respuestas a) y b) son correctas.

19. c) Conseguir que el niño tenga confianza en sí mismo.

20. c) La competitividad.

21. a) Se sienta parte integrante del equipo educativo.

22. b) Aun son escasas.

23. b) SACIE-R.

24. c) En general no hay un conocimiento claro sobre las funciones del cuidador.

25. c) La coordinación sea efectiva y que el cuidador participe en las reuniones que se llevan a cabo.

26. c) Relación del cuidador con el alumnado y su familia.

TEST N.º 3

La intervención con familias de personas con discapacidad. Características y recogida de información

1. Entre las principales características generales derivadas del impacto al tener un hijo con dificultades se puede citar:

a) Un impacto psicológico-emocional, que da lugar a múltiples reacciones en los padres: rechazo, incredulidad, culpa, vergüenza, depresión, deseos de muerte, etc.

b) Cambios en la vida y acontecimientos diarios de la familia y en su propio funcionamiento e integración, tales como: alteraciones en los ritmos de sueño, reajustes económicos, cambios en las relaciones entre los padres y los otros hijos, necesidad de continuas visitas a especialistas y otros servicios, etc.

c) Cambios en las relaciones de la pareja, en las relaciones sociales, en las actitudes con la gente.

d) Todas son correctas.

2. Existen ciertos factores que inciden en mayor o menor medida en la adaptación familiar y aceptación real de la situación. Pero ¿cuál es el único factor que nos podemos atrever a señalar como determinante en la aceptación de las dificultades del niño con discapacidad?

a) Necesidades personales del niño.

b) Nivel socio-cultural de la familia.

c) Nivel económico de la familia.

d) Madurez emocional de los padres.

3. Entre las necesidades de los padres tras haber tenido un hijo con discapacidad podemos destacar:

a) Necesidad de libertad.

b) Necesidades económicas.

c) Necesidad de comprensión y apoyo racional y emocional.

d) Necesidad de no tener más hijos.

4. La necesidad de información que plantean los padres de un niño con discapacidad se ve satisfecha:

a) A través de artículos, panfletos, folletos que proporcionen variada información.
b) A través de otros padres más experimentados en su misma situación.
c) Directamente a través de profesionales.
d) Todas son correctas.

5. En relación con el proceso de enseñanza-aprendizaje los padres de los niños con discapacidad:

a) Deben mantenerse al margen y dejar que los profesionales hagan su trabajo.
b) A medida que aumenta el número de profesionales involucrados con el niño, la participación de los padres en el proceso educativo tiende a aumentar.
c) Deben trabajar en equipo con los profesionales de manera que puedan observar si se logran los objetivos.
d) Deben llevar todo el peso del proceso, pues estos niños no se pueden escolarizar.

6. Durante los primeros años de vida del niño el agente educativo más importante es:

a) La familia.
b) El centro escolar.
c) Los iguales.
d) Los profesionales que le atienden en su discapacidad.

7. La familia puede ser considerada una institución que:

a) Se configura como un espacio de ayuda y supervivencia de las personas que la componen.
b) Intenta que los elementos esenciales de su familia no se reproduzcan cuando los miembros más jóvenes se independicen, sino que sean estos mismos quienes busquen sus propios elementos definitorios.
c) Lucha por que todos los modelos sociales y culturales se cambien de una generación a otra.
d) Todas son correctas.

8. Cuando los padres tienen bajas expectativas respecto a sus hijos:

a) Estos tendrán mayores expectativas de logro en sus aprendizajes.
b) Estos tendrán también bajas expectativas de logro en sus aprendizajes.
c) Estos piensan que los logros obtenidos se deben a la propia capacidad y no a la suerte.
d) Las opciones b) y c) son correctas.

9. La sobreprotección afecta a los hijos con discapacidad:

a) Positivamente, pues así les evitamos muchos problemas.
b) Negativamente, pues nunca intentarán realizar las tareas.

c) Negativamente, pues aunque intenten realizar las tareas si no lo logran se frustran y abandonan.

d) Positivamente, pues les da mayor autonomía.

10. Los niños llegarán a la escuela con carencias para enfrentar las exigencias de aprendizaje si los padres:

a) Son demasiado exigentes y rígidos.
b) No muestran actitudes sobreprotectoras.
c) Ponen reglas claras y precisas.
d) Todas son correctas.

11. El conjunto de aspectos que conforman la manera de aprender de un alumno se denomina:

a) Motivación.
b) Estilo de aprendizaje.
c) Destrezas escolares.
d) Rendimiento académico.

12. Para poder llevar a cabo una verdadera acción preventiva, las necesidades especiales de los niños con discapacidad deben detectarse:

a) Cuanto antes, en el seno de la familia.
b) En el primer curso de educación primaria.
c) Durante el primer ciclo de la educación primaria.
d) En el segundo ciclo de la educación primaria.

13. En cuanto a la relación entre centro educativo y familia es cierta la siguiente afirmación:

a) Las familias se perciben con los mismos derechos y potencialidades, y con una experiencia equivalente a la de los profesionales.
b) Aunque las familias pueden colaborar, la responsabilidad es exclusiva-mente de los profesionales.
c) Las familias contribuyen como receptoras de servicios, pero no como proveedoras.
d) Las opciones b) y c) son correctas.

14. La relación entre familia y escuela:

a) Se ve por parte de los profesionales como una intromisión en sus funciones.
b) Se ve por parte de los padres como una intromisión de los profesores en su labor educativa.
c) Ha de ser de colaboración.
d) Debe limitarse a la información sobre los resultados académicos.

15. Entre las habilidades y actitudes que debe presentar el profesional para la relación con las familias que tienen hijos con discapacidad podemos citar:

a) Mantener una actitud de respeto, sinceridad y honradez.
b) Enfatizar los rasgos positivos de las familias en general y de los sujetos con discapacidad en particular.
c) Admitir que no se sabe todo.
d) Todas son correctas.

16. Entre los objetivos o finalidades de la colaboración entre padres y educadores podemos citar:

a) Guardarse la información que cada parte tiene sobre el niño para que así se puedan descubrir nuevas formas de enfrentarse al problema.
b) Dejar las actividades de socialización para las familias.
c) Trabajar en común sobre aspectos tales como autocuidado, independencia, comunicación.
d) Todas son correctas.

17. Uno de los principales campos de colaboración entre padres y educadores es:

a) Dar y recibir información.
b) Dar y recibir formación.
c) Colaborar mutuamente en programas y actividades relacionados con la labor educativa que se está haciendo con el niño.
d) Todas son correctas.

18. Para que una entrevista entre padres y educadores tenga éxito:

a) No debe existir un guion por escrito para transmitir los contenidos.
b) Debemos limitarnos a informar sobre lo negativo, pues es lo que requiere solución y así no prolongamos la entrevista innecesariamente.
c) Debemos situarnos en un lugar físico favorable y sin barreras entre el entrevistador y entrevistado.
d) Debemos mantenernos en un plano de superioridad o experto, en caso contrario no harían caso de nuestras recomendaciones.

19. ¿Cuál es la sensación inicial que predomina en las familias tras el diagnóstico de discapacidad del hijo?

a) Alivio.
b) Tristeza.
c) Miedo.
d) Incomprensión.

20. Una de las preocupaciones de los padres es la de qué pasará con su hijo con discapacidad cuando ellos falten. ¿Qué actuación de los profesionales puede ayudar para aliviar la preocupación sobre cómo vivirá?

a) Preparar a los familiares sobre los aspectos que conlleva el envejecimiento prematuro y los problemas asociados que pueden ir apareciendo.

b) Informar sobre las fundaciones tutelares cercanas, y en caso de precisar mayor profundidad en la información, facilitar el contacto con las mismas.

c) Animar a los padres y las madres a visitar y conocer residencias y pisos tutelados.

d) Todas son correctas.

Solución al test n.º 3

1. d) Todas son correctas.

2. d) Madurez emocional de los padres.

3. c) Necesidad de comprensión y apoyo racional y emocional.

4. d) Todas son correctas.

5. c) Deben trabajar en equipo con los profesionales de manera que puedan observar si se logran los objetivos.

6. a) La familia.

7. a) Se configura como un espacio de ayuda y supervivencia de las personas que la componen.

8. b) Estos tendrán también bajas expectativas de logro en sus aprendizajes.

9. c) Negativamente, pues aunque intenten realizar las tareas si no lo logran se frustran y abandonan.

10. a) Son demasiado exigentes y rígidos.

11. b) Estilo de aprendizaje.

12. a) Cuanto antes, en el seno de la familia.

13. a) Las familias se perciben con los mismos derechos y potencialidades, y con una experiencia equivalente a la de los profesionales.

14. c) Ha de ser de colaboración.

15. d) Todas son correctas.

16. c) Trabajar en común sobre aspectos tales como autocuidado, independencia, comunicación.

17. d) Todas son correctas.

18.c) Debemos situarnos en un lugar físico favorable y sin barreras entre el entrevistador y entrevistado.

19. c) Miedo.

20. c) Animar a los padres y las madres a visitar y conocer residencias y pisos tutelados.

TEST N.º 4

Educación especial: clasificación de las personas que la requieren. Problemas psíquicos, problemas de afectividad

1. El concepto de "Necesidad específica de apoyo educativo":

a) Solamente se refiere a personas que presenten dificultades y limitaciones en el ámbito educativo.

b) Engloba al alumnado que requiere una atención educativa diferente a la ordinaria, por presentar necesidades educativas especiales, por retraso madurativo, por trastornos del desarrollo del lenguaje y la comunicación, por trastornos de atención o de aprendizaje, por desconocimiento grave de la lengua de aprendizaje, por encontrarse en situación de vulnerabilidad socioeducativa, por sus altas capacidades intelectuales, por haberse incorporado tarde al sistema educativo o por condiciones personales o de historia escolar, por sus altas capacidades intelectuales, por haberse incorporado tarde al sistema educativo, o por condiciones personales o de historia escolar.

c) Se relaciona unívocamente a un determinado grupo de alumnos (con dificultades físicas).

d) Todas las respuestas anteriores son incorrectas.

2. Se entiende por alumnado que presenta necesidades educativas especiales:

a) Aquel que requiera, determinados apoyos y atenciones educativas específicas únicamente durante un periodo determinado de su escolarización.

b) Aquel que requiera, por un periodo de su escolarización o a lo largo de toda ella, determinados apoyos y atenciones educativas específicas en ausencia de discapacidad.

c) Aquel que afronta barreras que limitan su acceso, presencia, participación o aprendizaje, derivadas de discapacidad o de trastornos graves de conducta, de la comunicación y del lenguaje, por un periodo de su escolarización o a lo largo de toda ella, y que requiere determinados apoyos y atenciones educativas específicas para la consecución de los objetivos de aprendizaje adecuados a su desarrollo.

d) Aquel que requiera, por un periodo de su escolarización o a lo largo de toda ella, ser escolarizado en centros específicos de educación especial.

3. Entre el alumnado con necesidad específica de apoyo educativo no se incluye:

a) Alumnado con discapacidad o trastornos graves de conducta.

b) Alumnado con altas capacidades intelectuales.

c) Alumnado con dificultades específicas de aprendizaje.

d) Todos se incluyen entre el alumnado con necesidad específica de apoyo educativo.

4. ¿Dónde se escolariza prioritariamente al alumnado con necesidades educativas especiales?

a) En centros de educación especial.

b) En unidades de educación especial.

c) En centros ordinarios.

d) En aulas hospitalarias.

5. Las enseñanzas en los centros de educación especial y en las unidades de educación especial de los centros ordinarios contemplarán una educación básica obligatoria y una formación profesional adaptada y de transición a la vida adulta. ¿Cuál es la duración mínima de la educación básica obligatoria?

a) 6 años.

b) 8 años.

c) 10 años.

d) 12 años.

6. ¿Cuál es la finalidad de la evaluación psicopedagógica?

a) Diagnosticar la posible discapacidad del alumno.

b) Identificar las necesidades educativas que pueda presentar el alumnado y poder fundamentar las correspondientes propuestas y decisiones.

c) La detección precoz de las dificultades del alumnado.

d) Todas son correctas.

7. ¿Cuál es la ratio de alumnos en la educación básica obligatoria?

a) 5 alumnos.

b) 10 alumnos.

c) 15 alumnos.

d) 20 alumnos.

8. Los programas de formación para la transición a la vida adulta se desarrollan en varios ámbitos. ¿Cuál no es uno de ellos?

a) De autonomía personal en la vida diaria.

b) De inclusión social y comunitaria.

c) De actividades instrumentales de la vida diaria.

d) De orientación y formación laboral.

9. ¿Quién fue el primer autor en hablar del principio de normalización?

a) Bank-Mikkelsen.

b) W. Wolfensberger.

c) Warnock.
d) Piaget.

10. Señala la afirmación correcta sobre el principio de integración:

a) Se plantea por primera vez en el ámbito laboral concretamente en el informe Warnock.
b) El objetivo de la integración es facilitar el incremento del nivel de calidad de vida de las personas que puedan encontrarse en situación de desventaja.
c) En 1994, tras la Conferencia Mundial sobre Necesidades Educativas Especiales celebrada por la UNESCO en Salamanca, es cuando se empieza a utilizar el término de integración aplicado a las personas con diversidad funcional.
d) Las respuestas b) y c) son correctas.

11. ¿Qué principio se refiere a la necesidad de acercar los servicios al entorno (social y geográfico) del sujeto o grupo que los demanda?

a) Principio de integración.
b) Principio de sectorización.
c) Principio ecológico.
d) Principio de normalización.

12. En 1994, tras la Conferencia Mundial sobre Necesidades Educativas Especiales celebrada por la UNESCO en Salamanca, empezó a utilizarse un concepto que ha tenido mucha influencia en la respuesta educativa a los niños con discapacidad, nos referimos a:

a) Normalización.
b) Integración.
c) Inclusión.
d) No discriminación.

13. En 2021 se ha publicado la duodécima edición del manual "Discapacidad intelectual: definición, diagnóstico, clasificación y sistemas de apoyo". Según esta definición la discapacidad se origina antes de los:

a) 16 años.
b) 18 años.
c) 20 años.
d) 22 años.

14. La definición de "retraso mental" que da la AAIDD en 1992 supuso un cambio de paradigma. Este nuevo paradigma se basaba en:

a) El cociente intelectual o CI.
b) Los apoyos.

c) El sistema de clasificación de la Organización Mundial de la Salud.
d) El déficit intelectual.

15. La AAIDD actualmente define la discapacidad intelectual como una discapacidad que se caracteriza por:

a) Limitaciones en el funcionamiento intelectual y en la conducta adaptativa.
b) Rendimiento académico por debajo de la media.
c) Originarse antes de los 18 años.
d) Las respuestas a) y c) son correctas.

16. El sistema de clasificación de la discapacidad intelectual según la AAIDD se basa en:

a) El contexto social.
b) El nivel de adaptación.
c) La intensidad de los apoyos necesarios.
d) El CI (Ligero, moderado, grave y profundo).

17. Siguiendo un criterio cuantitativo podemos considerar que una persona tiene discapacidad intelectual si su CI está por debajo de:

a) 50.
b) 60.
c) 70.
d) 80.

18. Los principales criterios de diagnóstico de discapacidad intelectual son:

a) Capacidad intelectual, capacidad comunicativa y habilidades funcionales.
b) Adaptación social, CI y niveles de interacción.
c) Salud física, salud mental y etiología.
d) Capacidad intelectual, conducta adaptativa y edad de comienzo.

19. El nivel de adaptación es una de las dimensiones que definen la discapacidad intelectual según la AAIDD. Las habilidades adaptativas pueden ser de tres tipos:

a) Ambientales, culturales y laborales.
b) Conceptuales, sociales y prácticas.
c) Físicas, mentales y sociales.
d) Comunicativas, interactivas y académicas.

20. En lo referente a la salud física de la persona con discapacidad intelectual podemos decir que:

a) Tienen una salud mucho más deficitaria que el resto de la población debido principalmente a las frecuentes autoagresiones.
b) La discapacidad intelectual siempre va asociado con crisis convulsivas más o menos frecuentes.

c) Es fundamental contar con la colaboración de los familiares, pues muchas veces no son capaces de identificar los signos de enfermedad y/o de comunicarlos.

d) Las respuestas a) y b) son ciertas.

21. En cuanto a la salud mental de estas personas podemos considerar cierta la siguiente afirmación:

a) A mayor grado de discapacidad intelectual, mayor probabilidad de presentar problemas emocionales.

b) A mayor grado de discapacidad intelectual, menor probabilidad de presentar problemas emocionales.

c) Sólo las personas con discapacidad intelectual severa o profunda muestran problemas emocionales.

d) Sólo las personas con discapacidad intelectual ligera o moderada muestran problemas emocionales.

22. El comportamiento de un adulto con discapacidad intelectual:

a) Es equiparable bajo todos los aspectos y en todas las circunstancias al de un niño.

b) Es diferente al comportamiento infantil, pues han desarrollado una cierta madurez humana y social.

c) Se puede equiparar a la de un niño cuya edad cronológica corresponda con su edad mental.

d) Siempre es disruptivo, lo que imposibilita las relaciones sociales.

23. Sobre la sexualidad del adulto con discapacidad intelectual es correcto decir que:

a) Son personas asexuadas, es decir, carecen de deseo y capacidad sexual.

b) Poseen una sexualidad descontrolada, no son capaces de autorregularse.

c) Pueden mantener relaciones sexuales esporádicas, pero no son capaces de mantener relaciones relativamente estables.

d) Su sexualidad es muy parecida a la del resto de individuos, pudiendo incluso hacer una clara elección de su pareja y mantener una relación más o menos estable.

24. El pobre autoconcepto que suele presentar la persona con discapacidad intelectual se atribuye principalmente a:

a) El bajo CI.

b) La falta de integración social.

c) El modo en que la sociedad reacciona ante ellos.

d) La carencia de normativa legal que apoye a este colectivo.

25. El contexto social influye en el grado de autonomía que pueda alcanzar la persona con discapacidad intelectual porque:

a) Un ambiente excesivamente protector dará como resultado personas totalmente independientes.

b) En un ambiente demasiado protector la persona con discapacidad intelectual siempre dependerá de los demás, incluso en cosas para las que está capacitado.

c) Si mostramos unas expectativas superiores a la capacidad real de la persona estaremos favoreciendo su desarrollo, pues intentará por todos los medios no defraudar.

d) Las respuestas b) y c) son correctas.

26. Siguiendo a Luckasson y colaboradores se distinguen cuatro tipos de apoyos:

a) Limitados, poco extensos, generalizados, intermitentes.
b) Intermitente, ilimitados, extensos, generalizados.
c) Intermitente, limitados, extensos, generalizados.
d) Intermitente, limitados, extensos, individuales.

27. Siguiendo a Luckasson y colaboradores, la intensidad de apoyos caracterizada por su consistencia a lo largo del tiempo, se ofrecen por un tiempo limitado, pero sin naturaleza intermitente, son:

a) Apoyos limitados.
b) Apoyos extensos.
c) Apoyos intermitentes.
d) Apoyos generalizados.

28. Para dar respuesta a las necesidades que plantea un alumno con discapacidad intelectual grave en el dominio conceptual debemos tener en cuenta:

a) Establecimiento de relaciones de causa-efecto entre sus acciones y las consecuencias que éstas producen en el medio.

b) Partir de lo concreto (aspectos funcionales y significativos, enfatizar el qué y el cómo antes que el porqué).

c) Incluir en la A.C.I. los ajustes precisos de los elementos curriculares (objetivos, contenidos, actividades, metodología...).

d) Aprendizaje de rutinas y habilidades concretas en sus entornos naturales.

29. La siguiente medida "Evitar la sobreprotección, dar solo el grado preciso de ayuda", pretende dar respuesta a las necesidades que plantea un alumno con discapacidad intelectual en el dominio:

a) Conceptual
b) Individual.
c) Social.
d) Práctico.

30. Emerson define la conducta problemática como:

a) Aquellas conductas manifestadas por las personas con discapacidad que suponen una violación contra los derechos de los demás.

b) Patrón recurrente de conducta negativista, desafiante, desobediente y hostil dirigido a las figuras de autoridad. En el caso de las personas con discapacidad, dirigidas al personal de apoyo.

c) Aquellas conductas que por su intensidad, duración o frecuencia afectan negativamente al desarrollo personal del individuo, así como a sus oportunidades de participación en la comunidad.

d) Todas aquellas conductas que se caracterizan por un comportamiento agresivo hacia los demás y hacia sí mismo.

31. Emerson enumera tres características básicas de la conducta problemática. Señala la incorrecta:

a) La conducta problemática se define por el impacto que esta tiene en la persona o en su entorno.

b) La conducta problemática se define en función del tipo de discapacidad que presenta la persona.

c) La conducta problemática se define socialmente.

d) De la conducta problemática se derivan consecuencias sociales y personales que pueden ser tanto inmediatas como a largo plazo.

32. La mejor estrategia para atender a una conducta problemática especialmente grave o persistentes es:

a) Enviar a la persona a residir permanentemente en un centro especializado.

b) Enviar a la persona con comportamiento problemático temporalmente a una unidad especializada para que allí se lleven a cabo los programas especializados necesarios.

c) Tratamiento intensivo en el propio centro de residencia.

d) Tratamiento farmacológico.

33. Desde el punto de vista del apoyo conductual positivo consideraremos una intervención exitosa, si hemos conseguido:

a) Reducir o eliminar la conducta problemática del individuo.

b) Que la persona cambie su estilo de vida de modo que le permita volver a participar en actividades de la comunidad de las cuales fue anteriormente excluida o a las que nunca tuvo acceso.

c) Disminuir la funcionalidad de las conductas alternativas.

d) Aumentar la funcionalidad de las conductas problemáticas.

34. Dos puntos fundamentales del apoyo conductual positivo son:

a) La utilización de técnicas aversivas y el castigo moderado.

b) La enseñanza de habilidades alternativas y la adaptación del ambiente.

c) El refuerzo positivo y el castigo positivo.

d) La enseñanza de habilidades sociales y el castigo negativo.

35. Una de las características del apoyo conductual positivo es que refleja los valores de la persona, respeta su dignidad y sus preferencias, y trata de mejorar su estilo de vida. Esto implica que:

a) Aceptemos un comportamiento problemático.

b) No se aceptan los propósitos que manifiestan mediante la conducta problemática.

c) La estrategia básica de intervención sean los procedimientos aversivos.

d) Las consecuencias de la conducta problemática serán siempre naturales y ajustadas a la edad del individuo, debiendo primar siempre el respeto a la persona.

36. Los principios que han de orientar la intervención en la conducta problemática de las personas con discapacidad son cuatro. Señala el incorrecto:

a) La conducta problemática tiene una función para la persona.

b) La conducta problemática está relacionada con el tipo de discapacidad que presenta la persona y grado de la misma.

c) Una intervención eficaz debe basarse en la comprensión de la persona, su contexto social y la función de la conducta.

d) La intervención debe basarse en los valores de la persona, el respeto a la dignidad, sus preferencias y sus aspiraciones.

37. Una persona con discapacidad intelectual que se comporta de manera problemática lo hace porque:

a) Es una de las manifestaciones de la discapacidad.

b) Se siente bien molestando a los demás.

c) No conoce otra forma de comportarse ante un determinado suceso.

d) Es uno de los síntomas de la discapacidad intelectual.

38. La conducta problemática está relacionada con el contexto porque:

a) Cuando ocurren, son indicio de que algo en el ambiente no se adapta a las necesidades de la persona.

b) Solo ocurre en contextos institucionales como centros residenciales.

c) Solo ocurre cuando la persona con discapacidad no es tratada con respeto por parte del personal de apoyo.

d) La conducta problemática no está relacionada con el contexto, ya que puede aparecer en cualquier situación, depende únicamente de la persona con discapacidad y su estado emocional.

39. El proceso de apoyo conductual positivo se desarrolla a lo largo de:

a) Tres fases.

b) Cuatro fases.

c) Cinco fases.

d) Seis fases.

40. Según la Escala ICAP, la conducta de abrazarse en exceso a otros se clasifica como:

a) Heteroagresividad o daño a otros.

b) Conducta disruptiva.

c) Hábitos atípicos o repetitivos (estereotipias).

d) Conducta social ofensiva.

41. En el proceso de evaluación funcional de la conducta son importantes las hipótesis funcionales, que se refieren a:

a) Las razones del comportamiento problemático de la persona con discapacidad.

b) La clasificación de la conducta en la Escala ICAP.

c) La valoración de cómo influye el tipo de discapacidad en la emisión de la conducta.

d) El análisis de cómo se desarrollaría el problema en caso de no intervenir, para valorar si la intervención es o no necesaria.

42. Todo plan de apoyo conductual positivo consta de cuatro componentes que:

a) Son independientes, por lo que están pensados para ser aplicados por separado.

b) Se aplican de forma secuencial siempre en el mismo orden, para que sean efectivos.

c) Se deben considerar en la intervención de forma simultánea.

d) Se aplican de forma secuencial siempre en el mismo orden, pero no son cuatro componentes, sino cinco.

43. La enseñanza de habilidades alternativas en sentido estricto consiste en:

a) Enseñar a la persona a utilizar conductas apropiadas que le sirvan para la misma función que su conducta problemática.

b) Desarrollar competencias que permitan prevenir las situaciones que suelen desencadenar la conducta problemática y, si es el caso, afrontar tales situaciones sin tener que recurrir a dichas conductas.

c) Enseñar a las personas a afrontar o tolerar las situaciones difíciles.

d) Todas son correctas.

44. Utilizar técnicas de sensibilización para enseñar a la persona a aceptar exámenes médicos, enseñarle a relajarse en situaciones estresantes, enseñarle habilidades de resolución de conflictos o enseñarle a controlar sus episodios de enfado. Son ejemplos de:

a) Enseñanza de habilidades alternativas en sentido estricto.

b) Enseñanza de habilidades generales.

c) Enseñanza de habilidades de afrontamiento o tolerancia.

d) Enseñanza de habilidades sociales.

45. A la hora de enseñar habilidades alternativas en cualquiera de sus modalidades debemos tener en cuenta:

a) Nos aseguraremos de que las habilidades alternativas en sentido estricto sirvan para una función diferente a la de la conducta problemática.

b) Debemos seleccionar habilidades que tengan cierto grado de dificultad. Si resultan relativamente fáciles para la persona con discapacidad, pueden no ser motivantes y no captar su atención.

c) Se deben enseñar, en primer lugar, las habilidades que produzcan efectos a largo plazo y no efectos inmediatos.

d) Siempre enseñaremos antes de que ocurra la conducta problemática.

46. Señala la afirmación correcta sobre las estrategias de manejo de crisis:

a) Se utilizan como procedimiento de emergencia.

b) Cumplen una función de enseñanza en el marco del plan de Apoyo Conductual Positivo.

c) Constituyen la principal medida de prevención de la conducta problemática.

d) Todas son correctas.

47. Puede ocurrir que el grupo de seguimiento detecte que no hemos conseguido los objetivos previstos. En este caso es fundamental indagar las causas de la falta de éxito, para poder poner una solución. La mayoría de las veces el fracaso se debe a:

a) Una evaluación funcional incompleta en la que faltan elementos clave para comprender la conducta.

b) Una falta de visión compartida, lo que hace que los miembros del grupo no trabajen como un equipo que comparta todos sus conocimientos e informaciones.

c) Las respuestas a) y b) son correctas.

d) El apoyo conductual positivo siempre tiene éxito, por eso se utiliza en la atención a las personas con discapacidad.

48. ¿Cuál de las siguientes se considera una estrategia reactiva?

a) Modificación de antecedentes.

b) Ignorar la conducta.

c) Intervenciones basadas en consecuencias.

d) Intervenciones sobre el estilo de vida.

49. Las estrategias reactivas:

a) Sustituyen a las medidas proactivas que se desarrollan mediante el plan de apoyo conductual positivo.

b) Actúan sobre el origen del problema.

c) A largo plazo estas medidas utilizadas como única estrategia resultarían ineficaces.

d) Forman parte del proceso de aprendizaje de conductas o habilidades adaptadas.

50. La intervención en crisis se desarrolla a lo largo de:

a) Tres fases.

b) Cuatro fases.

c) Cinco fases.

d) Seis fases.

51. En la primera fase de la crisis (manifestación e intensificación de la crisis):

a) El objetivo es intervenir lo más tempranamente posible para evitar la crisis o, al menos, la intensificación de esta.

b) Es el momento en que la persona manifiesta con mayor intensidad la conducta problemática.

c) No es posible la intervención, pues no sabemos aun si la intensidad de la conducta va a requerir una intervención o es mejor ignorar la conducta sin más.

d) La intervención consiste en la aplicación de estrategias de emergencia restrictivas.

52. Una de las estrategias que podemos utilizar para controlar la conducta problemática es ignorar la conducta. Para ello utilizamos una técnica conductual denominada:

a) Reforzamiento positivo.

b) Reforzamiento negativo.

c) Extinción.

d) Modelado.

53. Señala la afirmación correcta sobre la estrategia de retroalimentar:

a) La retroalimentación puede ser necesaria cuando estamos desarrollando el programa de apoyo conductual positivo, pero aún no están plenamente establecidas las conductas alternativas a las problemáticas.

b) Es la estrategia más apropiada para utilizar en la fase de explosión de crisis.

c) Consiste en redirigir a la persona hacia otra actividad que tengamos a mano.

d) Se basa en una técnica conductual denominada extinción.

54. Señala la afirmación correcta sobre el moldeamiento:

a) Básicamente consiste en la presentación de un modelo que realiza una determinada conducta, en una situación concreta y experimenta unas consecuencias. La observación de este modelo que está siendo reforzado por su conducta puede incrementar la presencia de dicha conducta en el observador.

b) El modelado se desarrolla a través de tres fases: Fase de adquisición de la conducta, Fase de ejecución de la conducta y Fase de fijación de la conducta.

c) Entre las variables que dificultan el aprendizaje de la conducta podemos citar las semejanzas entre el modelo y el observador en cuanto a edad, sexo, clase social, etc.

d) Todas son correctas.

55. La escucha activa consiste en:

a) Escuchar a la persona mientras esta realiza alguna actividad.

b) Escuchar a la persona al mismo tiempo que la persona que escucha realiza las tareas de atención.

c) Mantener una actitud receptiva ante las manifestaciones de la persona ayudándole a verbalizar los motivos de su enfado, ayudándole a tranquilizarse…

d) Mantener una actitud distante para no implicarnos personalmente en los problemas de la persona.

Solución al test n.º 4

1. b) Engloba al alumnado que requiere una atención educativa diferente a la ordinaria, por presentar necesidades educativas especiales, por retraso madurativo, por trastornos del desarrollo del lenguaje y la comunicación, por trastornos de atención o de aprendizaje, por desconocimiento grave de la lengua de aprendizaje, por encontrarse en situación de vulnerabilidad socioeducativa, por sus altas capacidades intelectuales, por haberse incorporado tarde al sistema educativo o por condiciones personales o de historia escolar, por sus altas capacidades intelectuales, por haberse incorporado tarde al sistema educativo, o por condiciones personales o de historia escolar.

2. c) Aquel que afronta barreras que limitan su acceso, presencia, participación o aprendizaje, derivadas de discapacidad o de trastornos graves de conducta, de la comunicación y del lenguaje, por un periodo de su escolarización o a lo largo de toda ella, y que requiere determinados apoyos y atenciones educativas específicas para la consecución de los objetivos de aprendizaje adecuados a su desarrollo.

3. d) Todos se incluyen entre el alumnado con necesidad específica de apoyo educativo.

4. c) En centros ordinarios.

5. c)) 10 años.

6. b) Identificar las necesidades educativas que pueda presentar el alumnado y poder fundamentar las correspondientes propuestas y decisiones.

7. a) 5 alumnos.

8. c) De actividades instrumentales de la vida diaria.

9. a) Bank-Mikkelsen.

10. b) El objetivo de la integración es facilitar el incremento del nivel de calidad de vida de las personas que puedan encontrarse en situación de desventaja.

11. b) Principio de sectorización.

12. c) Inclusión.

13. d) 22 años.

14. b) Los apoyos.

15. a) Limitaciones en el funcionamiento intelectual y en la conducta adaptativa.

16. c) La intensidad de los apoyos necesarios.

17. c) 70.

18. d) Capacidad intelectual, conducta adaptativa y edad de comienzo.

19. b) Conceptuales, sociales y prácticas.

20. c) Es fundamental contar con la colaboración de los familiares, pues muchas veces no son capaces de identificar los signos de enfermedad y/o de comunicarlos.

21. a) A mayor grado de discapacidad intelectual, mayor probabilidad de presentar problemas emocionales.

22. b) Es diferente al comportamiento infantil, pues han desarrollado una cierta madurez humana y social.

23. d) Su sexualidad es muy parecida a la del resto de individuos, pudiendo incluso hacer una clara elección de su pareja y mantener una relación más o menos estable.

24. c) El modo en que la sociedad reacciona ante ellos.

25. b) En un ambiente demasiado protector la persona con discapacidad intelectual siempre dependerá de los demás, incluso en cosas para las que está capacitado.

26. c) Intermitente, limitados, extensos, generalizados.

27. a) Apoyos limitados.

28. a) Establecimiento de relaciones de causa-efecto entre sus acciones y las consecuencias que éstas producen en el medio.

29. d) Práctico.

30. c) Aquellas conductas que por su intensidad, duración o frecuencia afectan negativamente al desarrollo personal del individuo, así como a sus oportunidades de participación en la comunidad.

31. b) La conducta problemática se define en función del tipo de discapacidad que presenta la persona.

32. c) Tratamiento intensivo en el propio centro de residencia.

33. b) Que la persona cambie su estilo de vida de modo que le permita volver a participar en actividades de la comunidad de las cuales fue anteriormente excluida o a las que nunca tuvo acceso.

34. b) La enseñanza de habilidades alternativas y la adaptación del ambiente.

35. d) Las consecuencias de la conducta problemática serán siempre naturales y ajustadas a la edad del individuo, debiendo primar siempre el respeto a la persona.

36. b) La conducta problemática está relacionada con el tipo de discapacidad que presenta la persona y grado de la misma.

37. c) No conoce otra forma de comportarse ante un determinado suceso.

38. a) Cuando ocurren, son indicio de que algo en el ambiente no se adapta a las necesidades de la persona.

39. d) Seis fases.

40. b) Conducta disruptiva.

41. a) Las razones del comportamiento problemático de la persona con discapacidad.

42. c) Se deben considerar en la intervención de forma simultánea.

43. a) Enseñar a la persona a utilizar conductas apropiadas que le sirvan para la misma función que su conducta problemática.

44. c) Enseñanza de habilidades de afrontamiento o tolerancia.

45. d) Siempre enseñaremos antes de que ocurra la conducta problemática.

46. a) Se utilizan como procedimiento de emergencia.

47. c) Las respuestas a) y b) son correctas.

48. b) Ignorar la conducta.

49. c) A largo plazo estas medidas utilizadas como única estrategia resultarían ineficaces.

50. a) Tres fases.

51. a) El objetivo es intervenir lo más tempranamente posible para evitar la crisis o, al menos, la intensificación de esta.

52. c) Extinción.

53. a) La retroalimentación puede ser necesaria cuando estamos desarrollando el programa de apoyo conductual positivo, pero aún no están plenamente establecidas las conductas alternativas a las problemáticas.

54. a) Básicamente consiste en la presentación de un modelo que realiza una determinada conducta, en una situación concreta y experimenta unas consecuencias. La observación de este modelo que está siendo reforzado por su conducta puede incrementar la presencia de dicha conducta en el observador.

55. c) Mantener una actitud receptiva ante las manifestaciones de la persona ayudándole a verbalizar los motivos de su enfado, ayudándole a tranquilizarse...

TEST N.º 5

Acompañamiento de personas con discapacidad. Concepto y tipos de discapacidad. Apoyos, intervención y acompañamiento a personas con discapacidad

1. Cuando una persona o grupo en que se integra es objeto de un trato discriminatorio debido a su relación con otra por motivo o por razón de discapacidad hablamos de:

a) Discriminación directa.
b) Discriminación indirecta.
c) Discriminación por asociación.
d) Acoso.

2. Las medidas de acción positiva:

a) Son aquellas de carácter específico consistentes en evitar o compensar las desventajas derivadas de la discapacidad y destinadas a acelerar o lograr la igualdad de hecho de las personas con discapacidad y su participación plena en los ámbitos de la vida política, económica, social, educativa, laboral y cultural, atendiendo a los diferentes tipos y grados de discapacidad.
b) Es la situación en la que la persona con discapacidad ejerce el poder de decisión sobre su propia existencia y participa activamente en la vida de su comunidad, conforme al derecho al libre desarrollo de la personalidad.
c) Son aquellas por las que las personas con discapacidad deben poder llevar una vida en igualdad de condiciones, accediendo a los mismos lugares, ámbitos, bienes y servicios que están a disposición de cualquier otra persona.
d) Son aquellas por las que la sociedad promueve valores compartidos orientados al bien común y a la cohesión social.

3. La nueva clasificación de discapacidades de la OMS, denominada Clasificación Internacional del Funcionamiento, de la Discapacidad y de la Salud, señala que el término "limitaciones en la actividad", sustituye al término:

a) Discapacidad.
b) Deficiencia.

c) Minusvalía.

d) Ninguna de las respuestas anteriores es correcta.

4. Actualmente se está extendiendo la utilización del término de diversidad funcional para referirnos a las personas con discapacidad. ¿Quién propuso la utilización de este término y en qué momento?

a) Foro de Vida Independiente, en enero de 2005.

b) Comité Español de Representantes de Personas con Discapacidad (CERMI), en octubre de 2008.

c) Plena Inclusión, en junio de 2002.

d) COCEMFE (Confederación Española de Personas con Discapacidad Física y Orgánica) en mayo de 2006.

5. Desde la perspectiva ideológica de la Diversidad Funcional se considera esencial:

a) La institucionalización de las personas con diversidad funcional (discapacidad) para que puedan recibir una atención óptima.

b) Apoyar la independencia en todos los ámbitos de la vida cotidiana: educación, trabajo, edificación, transporte, comunicación, información, ocio, etc., dando a cada persona las herramientas que precise para desarrollarse en esos ámbitos, de manera que tome el control de su propia vida.

c) Que todas las personas con diversidad funcional puedan ser escolarizadas en centros de educación especial.

d) Todas son correctas.

6. ¿Qué tipo de discapacidad puede presentar una persona que padece una miopatía?

a) La miopatía no causa discapacidad.

b) Discapacidad física o motora.

c) Discapacidad intelectual o cognitiva.

d) Discapacidad psicosocial.

7. Todas las siguientes son habilidades conceptuales excepto:

a) Lenguaje.

b) Habilidades laborales.

c) Lectura y escritura.

d) Autodirección.

8. ¿Qué tipo de discapacidad aborda problemas de salud mental que pueden afectar al bienestar emocional y social de las personas?

a) Discapacidad sensorial.

b) Discapacidad física o motora.

c) Discapacidad intelectual o cognitiva.
d) Discapacidad psicosocial.

9. El cambio del paradigma del déficit al paradigma basado en los apoyos a la hora de definir la discapacidad intelectual:

a) Supone considerar la discapacidad intelectual como un rasgo absoluto y estático que manifiesta la persona.
b) Supone poner el énfasis en la interacción entre la persona con un funcionamiento mental limitado y el entorno donde se desenvuelve.
c) Se produjo en 1921, en la primera edición del manual sobre la definición del retraso mental de la AARM.
d) Todas son correctas.

10. ¿A qué concepto corresponde la siguiente definición: *"son los recursos y estrategias que promueven los intereses y las metas de las personas con o sin discapacidad, que posibilitan el acceso a recursos, información y relaciones en entornos de trabajo y de vida integrados y que incrementan la interdependencia/independencia, productividad, integración en la comunidad y satisfacción"*?

a) Recursos sociales.
b) Servicios sociales especializados.
c) Apoyos.
d) Intervención sociosanitaria.

11. Los apoyos que están disponibles en el propio ambiente y que son culturalmente apropiados y están soportados por recursos del propio entorno, se conocen como:

a) Apoyos basados en servicios.
b) Apoyos naturales.
c) Apoyos ambientales.
d) Apoyos institucionales.

12. La asistencia para superar un déficit de destrezas relacionadas con el empleo, es un ejemplo de apoyo:

a) Intermitente.
b) Limitado.
c) Extenso.
d) Generalizado.

13. Una persona con discapacidad intelectual que vive en un piso tutelado ¿qué tipo de apoyo recibe?

a) Intermitente.
b) Limitado.

c) Extenso.
d) Generalizado.

14. Una persona con discapacidad intelectual profunda que le impide realizar las actividades básicas de la vida diaria ¿Qué tipo de apoyo necesitaría?

a) Intermitente.
b) Limitado.
c) Extenso.
d) Generalizado.

15. La planificación del apoyo es un proceso secuencial que tiene:

a) Cuatro componentes.
b) Cinco componentes.
c) Seis componentes.
d) Siete componentes.

16. El modelo de apoyo se basa en un proceso de planificación centrada en la persona (PCP). ¿Qué quiere decir esto?

a) Que se presta atención a sus sueños, preferencias e intereses personales.
b) Que los servicios y apoyos prestados solo pueden partir de cuidadores informales.
c) Que los servicios y apoyos prestados solo pueden partir de organizaciones profesionales.
d) Las respuestas a) y b) son correctas.

17. Para determinar el perfil de apoyos se han utilizado instrumentos estandarizados elaborados para detectar el rendimiento del individuo en cada una de las diferentes dimensiones de actividad, como:

a) Los Programas Conductuales Alternativos (PCA) elaborados por Verdugo.
b) El Currículum de Destrezas Adaptativas (ALSC) de Gilman y cols.
c) El Inventario para la Planificación de Servicios y la Programación Individual (ICAP).
d) Todas son correctas.

18. El plan individualizado de necesidades de apoyo debe:

a) Dar prioridad a los apoyos basados en servicios antes que a los naturales.
b) Evitar los intereses y preferencias del sujeto, ya que de esta forma estaríamos limitando sus posibilidades de avanzar y conocer nuevas experiencias.
c) Incluir un plan para controlar la provisión y resultados personales de los apoyos provistos.
d) Todas son correctas.

19. Uno de los principales indicadores de calidad de vida a nivel de individuos (microsistema), es:

a) El Bienestar Emocional: felicidad, satisfacción.
b) El Bienestar Material: empleo, posesiones.
c) El Bienestar Físico: estado de salud, estado nutricional.
d) Todas son correctas.

20. El modelo de los apoyos en la discapacidad intelectual se basa en un planteamiento ecológico. Esto quiere decir que:

a) La atención se centra en la persona con discapacidad.
b) La atención se centra en la interacción que la persona con discapacidad establece con su ambiente.
c) Debemos recurrir a diferentes ámbitos: social, familiar, educativo, sanitario, etc., lo cual implica también a diferentes profesionales: médicos, psicólogos, profesores, educadores, cuidadores, personal auxiliar, etc.
d) La persona con discapacidad intelectual presenta limitaciones en el funcionamiento en varias dimensiones.

Solución al test n.º 5

1. c) Discriminación por asociación.

2. a) Son aquellas de carácter específico consistentes en evitar o compensar las desventajas derivadas de la discapacidad y destinadas a acelerar o lograr la igualdad de hecho de las personas con discapacidad y su participación plena en los ámbitos de la vida política, económica, social, educativa, laboral y cultural, atendiendo a los diferentes tipos y grados de discapacidad.

3. a) Discapacidad.

4. a) Foro de Vida Independiente, en enero de 2005.

5. b) Apoyar la independencia en todos los ámbitos de la vida cotidiana: educación, trabajo, edificación, transporte, comunicación, información, ocio, etc., dando a cada persona las herramientas que precise para desarrollarse en esos ámbitos, de manera que tome el control de su propia vida.

6. b) Discapacidad física o motora.

7. b) Habilidades laborales.

8. d) Discapacidad psicosocial.

9. b) Supone poner el énfasis en la interacción entre la persona con un funcionamiento mental limitado y el entorno donde se desenvuelve.

10. c) Apoyos.

11. b) Apoyos naturales.

12. b) Limitado.

13. c) Extenso.

14. d) Generalizado.

15. b) Cinco componentes.

16. a) Que se presta atención a sus sueños, preferencias e intereses personales.

17. d) Todas son correctas.

18. c) Incluir un plan para controlar la provisión y resultados personales de los apoyos provistos.

19. d) Todas son correctas.

20. b) La atención se centra en la interacción que la persona con discapacidad establece con su ambiente.

Procesos de fomento de la autonomía personal de las personas con discapacidad dentro de la familia

1. ¿A qué concepto corresponde la siguiente definición: *"Capacidad de controlar, afrontar y tomar, por propia iniciativa, decisiones personales acerca de cómo vivir de acuerdo con las normas y preferencias propias, así como de desarrollar las actividades básicas de la vida diaria"*?

a) Independencia.
b) Dependencia.
c) Autonomía.
d) Discapacidad.

2. ¿A qué concepto corresponde la siguiente definición: *"Estado de carácter permanente en que se encuentran las personas que, por razones derivadas de la edad, la enfermedad o la discapacidad, y ligadas a la falta o a la pérdida de autonomía física, mental, intelectual o sensorial, precisan de la atención de otra u otras personas o ayudas importantes para realizar actividades básicas de la vida diaria o, en el caso de las personas con discapacidad intelectual o enfermedad mental, de otros apoyos para su autonomía personal"*?

a) Independencia.
b) Dependencia.
c) Autonomía.
d) Discapacidad.

3. María tiene una discapacidad motora, por la que requiere apoyo para varias actividades esenciales, como el aseo, la alimentación o la movilización, pero no de forma continua a lo largo del día. Conserva parte de su autonomía y puede realizar algunas tareas por sí misma, pero necesita un apoyo extenso para el resto. Sin embargo no necesita un cuidador presente las 24 horas del día. ¿Cuál es su grado de dependencia?

a) Grado 0. No presenta dependencia.
b) Grado I. Dependencia moderada.
c) Grado II. Dependencia severa.
d) Grado III. Gran dependencia.

4. Juan es un joven con discapacidad motora que vive solo y lleva una vida autónoma, pero necesita asistencia para ducharse y lavarse el pelo, así como abotonarse la ropa y atarse los zapatos. ¿Cuál es su grado de dependencia?

a) Grado 0. No presenta dependencia.
b) Grado I. Dependencia moderada.
c) Grado II. Dependencia severa.
d) Grado III. Gran dependencia.

5. Paco tiene una discapacidad intelectual profunda. Sus habilidades motoras son limitadas y su capacidad comunicativa inexistente. Por ello requiere una atención y cuidado de forma permanente. ¿Cuál es su grado de dependencia?

a) Grado 0. No presenta dependencia.
b) Grado I. Dependencia moderada.
c) Grado II. Dependencia severa.
d) Grado III. Gran dependencia.

6. ¿Cuál es la principal diferencia entre dependencia y discapacidad?

a) No hay diferencias. Son conceptos sinónimos.
b) El concepto de dependencia se usa en el ámbito sociosanitario y el concepto de discapacidad en el ámbito educativo.
c) La discapacidad se refiere a una limitación en las capacidades de una persona para realizar actividades, mientras que la dependencia se refiere a la necesidad de asistencia para llevar a cabo las actividades básicas de la vida diaria.
d) La dependencia se refiere a una limitación en las capacidades de una persona para realizar actividades, mientras que la discapacidad se refiere a la necesidad de asistencia para llevar a cabo las actividades básicas de la vida diaria.

7. ¿Cuál es el primer agente de socialización en el caso de las personas con discapacidad?

a) La escuela.
b) La familia.
c) Los servicios de atención temprana.
d) Los profesionales que realizan el diagnóstico.

8. ¿Con qué palabra/s completaría la siguiente frase: "La _____ hace que la persona tenga una inadecuada percepción de la realidad, inhibiendo la responsabilidad, independencia y autonomía, anulando la iniciativa personal y creando una falta de interés por los asuntos propios, fomentando la dependencia y la vulnerabilidad de la persona?

a) Sobreprotección.
b) Ausencia de cuidados.

c) Rigidez en las normas.
d) educación democrática.

9. ¿Con cuál de los siguientes factores se relaciona la dependencia?

a) Baja autoestima.
b) Inseguridad.
c) Experiencias traumáticas en la infancia.
d) Todas son correctas.

10. ¿Sobre qué factores relacionados con la dependencia podemos actuar más fácilmente?

a) Factores físicos.
b) Factores psicológicos.
c) Factores contextuales.
d) No es posible actuar sobre ninguno de estos factores.

11. Son los acontecimientos que tienen lugar justo antes de que aparezca la conducta y tienen una relación funcional con ella, es decir, provocan la aparición de dicha conducta. Hablamos de:

a) Estímulos antecedentes.
b) Estímulos consecuentes.
c) Estímulos discriminativos.
d) Estímulos disuasorios.

12. Son los acontecimientos que tienen lugar inmediatamente después de que aparezca la conducta y tienen una relación funcional con ella, es decir, hacen que se mantenga de dicha conducta. Hablamos de:

a) Estímulos antecedentes.
b) Estímulos consecuentes.
c) Estímulos discriminativos.
d) Estímulos disuasorios.

13. Una de las cosas que podemos hacer para fomentar la autonomía actuando sobre los factores contextuales de tipo social es:

a) No ayudar a la persona con discapacidad, solo así logrará autonomía.
b) Observar lo que la persona puede hacer por sí misma y evitar ayudas innecesarias.
c) Realizar por la persona con discapacidad todos los pasos que componen una actividad, aunque exista alguno que sea capaz de realizar.
d) Sobre los factores contextuales de tipo social no podemos actuar.

14. Las actividades que se realizan de forma rutinaria:

a) Dejan de realizarse porque causan aburrimiento.

b) Tienen más probabilidad de seguir produciéndose que las que se realizan de forma esporádica.

c) No son adecuadas para el desarrollo de habilidades de autonomía.

d) No son adecuadas para las personas con discapacidad.

15. Carlos es un niño con síndrome de Down de 6 años de edad que desde hace un tiempo se viste solo pero aun no se abrocha bien los botones. ¿Cuál de las siguientes respuestas de los padres favorece más la autonomía?

a) Ya tiene edad para abrocharse los botones, si no lo ha conseguido ya, es el momento de que su madre o su padre se encargue de vestirlo.

b) Sus padres alaban su iniciativa y disposición para vestirse solo y lo ayudan a abrocharse los botones, retirando esta ayuda progresivamente conforme vaya aprendiendo.

c) Sus padres lo dejan con la ropa desabrochada, solo así hará un esfuerzo por aprender a ser autónomo en el proceso de vestirse.

d) Los niños con discapacidad intelectual no tienen habilidad para vestirse solos.

16. La percepción valorativa que la persona hace sobre sí misma es:

a) La autoimagen.

b) La satisfacción personal.

c) La autoestima.

d) El autoconocimiento.

17. Una de las ventajas de las adaptaciones y ayudas técnicas para personas con discapacidad es:

a) Facilitar las actividades de la vida diaria.

b) Aprovechar al máximo todas las capacidades funcionales conservadas.

c) Evitar situaciones peligrosas.

d) Todas son correctas.

18. Señala la afirmación correcta sobre las ayudas técnicas para personas con discapacidad:

a) Como medida preventiva es muy útil el uso de estas ayudas técnicas antes de que la persona realmente las necesite.

b) Las ayudas técnicas facilitan y mejoran la calidad de vida de la persona dependiente.

c) Las personas con el mismo tipo de discapacidad necesitan el mismo tipo de ayudas técnicas.

d) Todas son correctas.

19. ¿Qué tipo de grifos son más adecuados para personas con movilidad reducida?

a) Los grifos monomando de palancas.
b) Los grifos electrónicos.
c) Es indiferente.
d) Las respuestas a) y b) son correctas.

20. Una de las principales ayudas técnicas para el movimiento es el bastón. Salvo que el personal médico indique lo contrario, el bastón se lleva:

a) En el lado de la pierna que presenta la dolencia y tener la altura aproximada del pecho.
b) En el lado de la pierna que presenta la dolencia y tener la altura aproximada de la cadera.
c) En el lado opuesto a la pierna que presenta la dolencia y tener la altura aproximada del pecho.
d) En el lado opuesto a la pierna que presenta la dolencia y tener la altura aproximada de la cadera.

Solución al test n.º 6

1. c) Autonomía.

2. b) Dependencia.

3. c) Grado II. Dependencia severa.

4. b) Grado I. Dependencia moderada.

5. d) Grado III. Gran dependencia.

6. c) La discapacidad se refiere a una limitación en las capacidades de una persona para realizar actividades, mientras que la dependencia se refiere a la necesidad de asistencia para llevar a cabo las actividades básicas de la vida diaria.

7. b) La familia.

8. a) Sobreprotección.

9. d) Todas son correctas.

10. c) Factores contextuales.

11. a) Estímulos antecedentes.

12. b) Estímulos consecuentes.

13. b) Observar lo que la persona puede hacer por sí misma y evitar ayudas innecesarias.

14. b) Tienen más probabilidad de seguir produciéndose que las que se realizan de forma esporádica.

15. b) Sus padres alaban su iniciativa y disposición para vestirse solo y lo ayudan a abrocharse los botones, retirando esta ayuda progresivamente conforme vaya aprendiendo.

16. c) La autoestima.

17. d) Todas son correctas.

18. b) Las ayudas técnicas facilitan y mejoran la calidad de vida de la persona dependiente.

19. d) Las respuestas a) y b) son correctas.

20. d) En el lado opuesto a la pierna que presenta la dolencia y tener la altura aproximada de la cadera.

TEST N.º 7

Características básicas de las personas con discapacidad motora. Problemas en su escolarización o socialización. Creación de hábitos de alimentación e higiene. Problemas posturales. Atención específica de las personas con espina bífida

1. La discapacidad motórica se produce por enfermedades que afectan a:

a) Músculos.
b) Articulaciones.
c) Sistema nervioso.
d) Todas las anteriores.

2. La discapacidad motora más frecuente en la infancia es:

a) La parálisis cerebral.
b) La espina bífida.
c) Las distrofias musculares.
d) La discapacidad motora no es frecuente en la infancia.

3. El origen de la parálisis cerebral es una lesión encefálica que se caracteriza por ser:

a) De origen tardío.
b) Crónica.
c) Progresiva.
d) Todas son correctas.

4. Cuando la parálisis cerebral afecta a los miembros inferiores hablamos de:

a) Monoplejia.
b) Hemiplejia.
c) Paraplejia.
d) Tetraplejia.

5. Cuando la parálisis cerebral afecta a todos los miembros, tanto inferiores como superiores hablamos de:

a) Monoplejia.
b) Hemiplejia.
c) Paraplejia.
d) Tetraplejia.

6. El tipo más frecuente de parálisis cerebral según la afectación del tono muscular es:

a) Atetósica o atetoide.
b) Espástica.
c) Atáxica.
d) Mixta.

7. ¿En qué tipo de parálisis cerebral es frecuente alteración en el equilibrio corporal, marcha insegura y dificultades en la coordinación y el control de ojos y manos?

a) Atetósica o atetoide.
b) Espástica.
c) Atáxica.
d) Mixta.

8. Uno de los trastornos asociados a la parálisis cerebral es:

a) Convulsiones o epilepsia.
b) Dificultades del habla y del lenguaje.
c) Trastornos sensoriales.
d) Todas son correctas.

9. Con respecto a la discapacidad intelectual en el caso de las personas con parálisis cerebral podemos afirmar que:

a) Todas las personas con parálisis cerebral presentan discapacidad intelectual en mayor o menor grado.
b) La mayoría de las personas con parálisis cerebral presentan discapacidad intelectual moderada o grave.
c) Tan solo un tercio de las personas con parálisis cerebral presentan discapacidad intelectual moderada o grave. Otro tercio, una discapacidad intelectual leve y, el tercio restante, no presenta discapacidad intelectual.
d) Las personas con parálisis cerebral no presentan en ningún caso discapacidad intelectual.

10. La espina bífida:

a) Es una grave malformación congénita del tubo neural.
b) Se produce por una falta de cierre o fusión de los arcos vertebrales, con el consiguiente riesgo de producir daños en la médula espinal.

c) Exteriormente se manifiesta mediante un abultamiento, cubierto o no de piel, que puede contener tan solo membranas o porciones de médula espinal.

d) Todas son correctas.

11. Es el tipo de espina bífida más frecuente:

a) Meningocele.

b) Lipomeningocele.

c) Mielomeningocele o meningomielocele.

d) Siringomielocele.

12. La causa de la distrofia muscular es:

a) Defectos genéticos que ocasionan que alguna proteína del músculo esté defectuosa o no se produzca en la cantidad necesaria.

b) El déficit de ácido fólico de la madre antes de la concepción.

c) Traumatismos por accidentes graves, las infecciones como meningitis o encefalitis, trastornos vasculares, anoxia, intoxicaciones.

d) Todas son correctas.

13. La forma más frecuente y grave de distrofia muscular es:

a) De Duchenne.

b) De Becker.

c) Miotónica.

d) Facio-escapulo-humeral.

14. ¿Cuál de los siguientes tipos de distrofia muscular afecta principalmente al género masculino?

a) De Emery-Dreifuss.

b) Oculofaríngea.

c) Congénita.

d) Todas son correctas.

15. Una de las principales necesidades educativas especiales de los alumnos con discapacidad motora es:

a) El desplazamiento.

b) La manipulación.

c) El control postural.

d) Todas son correctas.

16. Los sistemas de comunicación que pretenden complementar al lenguaje oral en los casos en que, por sí solo, no es suficiente para establecer una comunicación efectiva con el entorno, se llaman:

a) Sistemas alternativos de comunicación.
b) Sistemas aumentativos de comunicación.
c) Sistemas bimodales.
d) Sistemas de comunicación total.

17. Los Sistemas Aumentativos y Alternativos de Comunicación (SAAC):

a) Son incompatibles con la rehabilitación del habla natural.
b) No requieren ninguna ayuda técnica especial.
c) Permiten a las personas con dificultades de comunicación la relación e interacción con los demás y favorecen su integración e independencia.
d) Todas son correctas.

18. El sistema de comunicación SPC (Symbols Picture Comunication):

a) Se basa en dibujos lineales o pictogramas.
b) Es un método que combina símbolos pictográficos, ideográficos (representan una idea), arbitrarios y compuestos, lo cual implica que se pueden obtener símbolos más complejos a partir de los más simples.
c) Los símbolos pictográficos se organizan en diez diferentes categorías en base a la función del símbolo, siguiendo la clave de Fitzgerald, cada una de ellas con un color diferente, lo que facilita la comprensión de la estructura sintáctica.
d) No permite su utilización en edades tempranas por su complejidad.

19. Para iniciarse en el sistema Bliss es necesario que el alumno reúna unos requisitos, entre los cuales destaca:

a) Capacidad para establecer y mantener contacto visual.
b) Mostrar deseos de comunicarse.
c) Comprender que una representación simbólica visual puede servir como señal comunicativa.
d) Todas son correctas.

20. La atención temprana se dirige a todos los niños que presentan cualquier trastorno en su desarrollo, sea de tipo físico, psíquico o sensorial, o con riesgo de padecerlo, con una edad comprendida entre:

a) 0 3 años.
b) 0-6 años.
c) 3-6 años.
d) 1-5 años.

21. Aspectos importantes en la adaptación de los retretes para las personas con discapacidad motórica son:

a) La altura del retrete.
b) El color del baño.
c) La existencia de barras de sujeción.
d) Las respuestas a) y c) son correctas.

22. Respecto a la socialización del alumno con discapacidad motora:

a) Las barreras arquitectónicas no juegan ningún papel.
b) El cuidador debe de proteger especialmente a estos niños, para que no se hagan daño.
c) Debe fomentarse mediante juegos y excursiones.
d) Es un aspecto poco importante en su educación.

23. Los cuidadores ayudarán a los niños con discapacidad motórica:

a) En aquellas tareas que no puedan realizar solos.
b) Cuando no estén presentes los padres.
c) Siempre.
d) Nunca, pues así favorecen su autonomía personal.

24. La dieta del alumno con discapacidad motora ha de ser:

a) Hipoproteica.
b) Pobre en fibra.
c) Rica en fibra.
d) Rica en sales minerales.

25. La higiene personal en la persona con discapacidad motora va a prevenir la formación de:

a) Escaras.
b) Infecciones respiratorias.
c) Acné.
d) a y b son ciertas.

26. Para dar de comer a un alumno tetrapléjico, la persona que lo hace debe situarse:

a) Por el lado derecho.
b) Por el lado izquierdo.
c) De frente.
d) Colocándose por detrás.

27. Los cambios posturales en el alumno con discapacidad motórica los ha de hacer:

a) El profesor tutor.
b) El rehabilitador.
c) El cuidador.
d) El educador.

28. Ante una persona con parálisis cerebral situado en una silla de ruedas, el cuidador le cambiará de postura:

a) Colocándose por delante.
b) Cada cierto tiempo.
c) No hace falta cambiarle de postura.
d) a y b son correctas.

29. La espina bífida es:

a) Una enfermedad causada por una infección en la madre.
b) Una consecuencia de traumatismos en el momento del parto.
c) Una causa frecuente de discapacidad intelectual.
d) Una malformación congénita del tubo neural.

30. Las causas por las que se producen defectos en el tubo neuronal son desconocidas, pero sí se conocen una cantidad variada de factores de riesgo. ¿Cuál de las siguientes opciones no se puede considerar un factor de riesgo de los defectos en el tubo neuronal?

a) Exceso de vitamina A.
b) Diabetes materna.
c) Consumo de tabaco.
d) Consumo de alcohol.

31. ¿En qué momento de la gestación del embrión se cierra el tubo neural?

a) En el segundo trimestre.
b) Aproximadamente a los 28 días.
c) En el tercer trimestre.
d) Pasado el mes de gestación.

32. ¿Qué incidencia tiene, entre los bebés nacidos vivos, los defectos en el tubo neural?

a) 10 o 20 de cada 1.000 nacidos vivos.
b) 1/3 de los nacidos vivos.
c) 1 o 2 de cada 1.000 nacidos vivos.
d) Existe diferente incidencia dependiendo del sexo.

33. ¿Cuál de los siguientes no es un síntoma propio de la espina bífida?

a) Paraplejía.
b) Afectación de esfínteres anal y vesical.
c) Hidrocefalia.
d) Alopecia.

34. ¿En qué consiste la prevención primaria de la espina bífida?

a) Realización de ecografía de alta resolución a la 22 semana de gestación.
b) Tratamiento preconcepcional con ácido fólico.
c) Evitando el consumo de alcohol.
d) Las respuestas b) y c) son ciertas.

35. ¿Cómo se corregirán las malformaciones en un niño afectado de espina bífida?

a) Un niño con espina bífida no tiene malformaciones.
b) Haciendo que el bebé consuma cantidades extra de ácido fólico en su primer trimestre de vida.
c) Mediante técnicas quirúrgicas.
d) b y c son ciertas.

36. ¿Por qué existe una incidencia tan alta de úlceras por decúbito en los afectados de espina bífida?

a) No existe una incidencia mayor que en el resto de la población.
b) Dada la pérdida de sensibilidad en la zona distal del organismo.
c) Por la dificultad del intestino delgado de absorber proteínas de la dieta.
d) Por la fragilidad de dermis y epidermis.

37. ¿En qué consiste la prevención secundaria de la espina bífida?

a) Realización de ecografía de alta resolución en la 22 semana de gestación.
b) Tratamiento preconcepcional con ácido fólico.
c) Evitando el consumo de alcohol.
d) b y c son ciertas.

38. ¿Por qué se dice que una de las dificultades para la integración escolar de los afectados de espina bífida es la falta de continuidad?

a) Por las dificultades de aprendizaje que tienen estos niños.
b) Porque su patología requiere una atención sanitaria que suele alejarlo del centro escolar.
c) Porque no suelen acudir a diario al centro escolar dada su fragilidad orgánica.
d) a y c son ciertas.

Solución al test n.º 7

1. d) Todas las anteriores.

2. a) La parálisis cerebral.

3. b) Crónica.

4. c) Paraplejia.

5. d) Tetraplejia.

6. b) Espástica.

7. c) Atáxica.

8. d) Todas son correctas.

9. c) Tan solo un tercio de las personas con parálisis cerebral presentan discapacidad intelectual moderada o grave. Otro tercio, una discapacidad intelectual leve y, el tercio restante, no presenta discapacidad intelectual.

10. d) Todas son correctas.

11. c) Mielomeningocele o meningomielocele.

12. a) Defectos genéticos que ocasionan que alguna proteína del músculo esté defectuosa o no se produzca en la cantidad necesaria.

13. a) De Duchenne.

14. a) De Emery-Dreifuss.

15. d) Todas son correctas.

16. b) Sistemas aumentativos de comunicación.

17. c) Permiten a las personas con dificultades de comunicación la relación e interacción con los demás y favorecen su integración e independencia.

18. a) Se basa en dibujos lineales o pictogramas.

19. d) Todas son correctas.

20. b) 0-6 años.

21. d) Las respuestas a) y c) son correctas.

22. c) Debe fomentarse mediante juegos y excursiones.

23. a) En aquellas tareas que no puedan realizar solos.

24. c) Rica en fibra.

25. a) Escaras.

26. c) De frente.

27. c) El cuidador.

28. b) Cada cierto tiempo.

29. d) Una malformación congénita del tubo neural.

30. c) Consumo de tabaco.

31. b) Aproximadamente a los 28 días.

32. c) 1 o 2 de cada 1.000 nacidos vivos.

33. d) Alopecia.

34. Las respuestas b) y c) son ciertas.

35. c) Mediante técnicas quirúrgicas.

36. b) Dada la pérdida de sensibilidad en la zona distal del organismo.

37. a) Realización de ecografía de alta resolución en la 22 semana de gestación.

38. b) Porque su patología requiere una atención sanitaria que suele alejarlo del centro escolar.

TEST N.º 8

Características básicas de las personas con discapacidad visual. Problemas en su escolarización o socialización. Creación de hábitos de alimentación e higiene. La independencia de movimientos y desplazamientos; la orientación en la búsqueda de estrategias que favorezcan su mayor autonomía

1. La capacidad de nuestro sistema visual para distinguir detalles de forma nítida a una distancia y condiciones determinadas se denomina:

a) Campo visual.
b) Agudeza visual.
c) Dioptría.
d) Capacidad de visión.

2. En España es considerada legalmente ciega aquella persona cuya agudeza visual es:

a) Menor o igual al 15 % (0,15 en la escala de Wecker), obtenida con la mejor corrección óptica y/o un campo visual menor o igual a 20 grados en el mejor de sus ojos.
b) Menor o igual al 10 % (0,1 en la escala de Wecker), obtenida con la mejor corrección óptica y/o un campo visual menor o igual a 10 grados en el mejor de sus ojos.
c) Menor o igual al 10 % (0,1 en la escala de Wecker), obtenida con la mejor corrección óptica y/o un campo visual mayor o igual a 15 grados en el mejor de sus ojos.
d) Menor o igual al 15 % (0,1 en la escala de Wecker), obtenida con la mejor corrección óptica y/o un campo visual menor o igual a 15 grados en el mejor de sus ojos.

3. Se considera que un paciente tiene baja visión cuando tras la mejor corrección óptica, su agudeza visual es:

a) Menor de 0,2 en el mejor de los ojos, o un campo visual inferior a 20 grados.
b) Menor de 0,3 en el mejor de los ojos, o un campo visual inferior a 20 grados.
c) Menor de 0,2 en el mejor de los ojos, o un campo visual inferior a 25 grados.
d) Menor de 0,3 en el mejor de los ojos, o un campo visual inferior a 25 grados.

4. La unidad de medida de graduación de los ojos se denomina:

a) Campo visual.
b) Agudeza visual.
c) Dioptría.
d) Diplopía.

5. La pérdida de la transparencia del cristalino, total o parcial, que causa pérdida de agudeza visual se denomina:

a) Acromatopsia.
b) Catarata.
c) Estrabismo.
d) Glaucoma.

6. El nistagmus es:

a) Una oscilación rítmica e involuntaria de uno o ambos ojos que puede presentarse a cualquier edad.
b) Un error del enfoque visual que generalmente se manifiesta con una visión borrosa e incómoda de cerca, aunque, a partir de cierta edad, también se ven mal los objetos lejanos.
c) Un defecto de refracción del ojo en el que las imágenes quedan enfocadas delante de la retina.
d) La excesiva sensibilidad anormal frente a la luz.

7. ¿Qué factores van a influir en el desarrollo del niño con discapacidad visual?

a) Cuándo surgió la ceguera.
b) Existencia de restos visuales.
c) Nivel económico de los padres.
d) Las respuestas a) y b) son correctas.

8. La sobreprotección de los padres al niño con discapacidad visual va a causarle:

a) Gran avance en el aprendizaje.
b) Ansiedad.
c) Miedo al entorno.
d) Las respuestas b) y c) son correctas.

9. Los padres deben relacionarse con el bebé con discapacidad visual por medio de:

a) Estímulos táctiles y auditivos.
b) Vista.
c) Gusto.
d) Olfato.

10. El retraso en el aprendizaje que presentan los niños con discapacidad visual es:

a) Debido a discapacidad intelectual leve asociada.
b) Debido al menor número de experiencias enriquecedoras.
c) Debido a desinterés por parte de los padres.
d) Irrecuperable.

11. La estimulación sensorial precoz en los niños con discapacidad visual debe potenciar:

a) La audición.
b) La manipulación de objetos.
c) La fuerza física, dado que suelen caer en el sedentarismo.
d) Las respuestas a) y b) son correctas.

12. La enseñanza de los niños con discapacidad visual en la etapa preescolar recae en:

a) La ONCE.
b) El Ministerio de Educación.
c) Los padres, asesorados por personal especializado.
d) No requieren medidas educativas especiales a esta edad.

13. Los CRE son:

a) Grupos representativos del personal educativo.
b) Centros de recursos educativos que hacen apoyo a la enseñanza del invidente.
c) Las siglas de Ciegos Reunidos de España.
d) Un organismo dependiente del Ministerio de Educación.

14. La escolarización de los alumnos ciegos o con discapacidad visual grave se hará preferentemente en centros:

a) Ordinarios.
b) Específicos.
c) Ordinarios y con el apoyo de la ONCE.
d) Conjuntamente a otros tipos de personas con discapacidad.

15. Respecto a las adaptaciones físicas del centro, para la educación del alumno con discapacidad visual, ¿cuáles son correctas?

a) Las puertas deben estar entreabiertas.
b) El aula dispondrá sólo de luz artificial.
c) El color de las paredes y suelos debe ser el mismo.
d) Las ventanas deben ser correderas o de guillotina.

16. ¿Cuál de las siguientes es una de la funciones del cuidador en el caso de alumnos con discapacidad visual?

a) Facilitarles el desplazamiento.
b) Encargarse del material de juego.
c) Acompañarlos en recreos y excursiones.
d) Todas las anteriores.

17. El sistema de lectoescritura de los alumnos con ceguera total es:

a) El sistema internacional.
b) El sistema Braille.
c) El sistema de tinta.
d) El sistema decimal.

18. La máquina Perkins es:

a) Una silla de ruedas especial para transportar personas con discapacidad visual.
b) Una máquina de escribir en Braille.
c) Una máquina de escribir en tinta, para personas con discapacidad visual.
d) Una lupa para lectura de hipovisuales.

19. El sistema Braille:

a) Es un código de lectoescritura en relieve.
b) Se basa en seis puntos (signo generador).
c) Debe iniciarse su aprendizaje desde la etapa preescolar.
d) Todas son correctas.

20. Respecto a la socialización del alumno con discapacidad visual:

a) Debe iniciarse desde la familia.
b) Son contraproducentes los juegos escolares entre videntes e invidentes.
c) Es muy difícil dado su carácter peculiar.
d) Les imposibilitará llegar a un gran número de profesiones.

21. La pérdida del campo visual central puede estar provocada por:

a) Traumatismos.
b) Retinopatía diabética.
c) Glaucoma.
d) Tumores.

22. Los alumnos con pérdida del campo visual central tienen más problemas para:

a) Ver la televisión.
b) Desplazamientos.

c) Leer palabras cortas.
d) Todas son correctas.

23. Un ejemplo de patología que afecta a la reducción concéntrica es:

a) Traumatismos.
b) Retinopatía diabética.
c) Glaucoma.
d) Tumores.

24. La mayor dificultad para los alumnos con reducción concéntrica está en:

a) Leer textos.
b) Ver detalles pequeños.
c) La orientación y la movilidad.
d) Todas son correctas.

25. La visión borrosa sin alteraciones en el campo visual:

a) Está originada principalmente por lesión en el nervio óptico a nivel cerebral.
b) Interfieren en los desplazamientos pues impiden la visión del suelo.
c) No interfiere en la percepción del color.
d) Ocasiona dificultad para la realización de actividades que requieran visión de detalles.

26. El nistagmus en resorte se caracteriza por:

a) Movimientos horizontales, verticales, diagonales o rotatorios, que siempre tienen la misma velocidad en cada dirección.
b) Movimientos horizontales, verticales, diagonales o rotatorios, que siempre son lentos.
c) Movimientos horizontales, verticales, diagonales o rotatorios, que siempre son rápidos.
d) Estar formado por un movimiento lento en una dirección y un componente rápido en la otra, siendo el rápido el que define la dirección del nistagmus.

27. Entre los aspectos relacionados con las características personales que pueden incidir directamente en el logro de la autonomía podemos mencionar:

a) Las actitudes ante las diferentes situaciones cotidianas.
b) La capacidad para resolver problemas.
c) El ajuste personal a la pérdida visual.
d) Todas son correctas.

28. El entrenamiento en la adquisición de hábitos de autonomía y cuidado personal pretende conseguir que:

a) La discapacidad visual tenga la menor repercusión posible en la autonomía del individuo.
b) El alumno con discapacidad visual sea capaz de realizar por sí mismo todas las actividades de la vida diaria.

c) Los compañeros de los alumnos con discapacidad visual aprendan a guiarlos en sus desplazamientos.

d) El alumno con discapacidad visual aprenda braille.

29. El primer paso en la planificación del entrenamiento es:

a) La valoración del sujeto.

b) La secuenciación de la actividad.

c) Motivar al alumno.

d) El entrenamiento no se planifica. Las propias necesidades nos irán indicando qué aspectos tenemos que potenciar y educar.

30. Para determinar las estrategias a utilizar durante el entrenamiento debemos tener en cuenta:

a) Las habilidades perceptivas.

b) Las habilidades sociales.

c) La incorporación de materiales y recursos que faciliten la actividad.

d) Todas son correctas.

31. Los materiales artesanales elaborados a medida para apoyar en una necesidad específica de la persona con discapacidad visual se denominan:

a) Materiales convencionales.

b) Materiales específicos.

c) Materiales adaptados.

d) Los materiales utilizados para apoyar las necesidades de las personas con discapacidad visual deben ser homologados, por lo que no pueden elaborarse artesanalmente.

32. Los utensilios son ergonómicos cuando:

a) Pueden ser utilizados por personas con discapacidad.

b) Sirven para múltiples usos.

c) Se adaptan a las necesidades del usuario.

d) Cumplen las normas de seguridad en su elaboración y uso de materiales.

33. Entre las estrategias profesionales para fomentar la autonomía podemos citar:

a) Comenzar por las actividades que presenten una mayor dificultad. Cuando logre hacerlas por sí mismo estará mucho más motivado para continuar con el entrenamiento.

b) No proporcionar al alumno información sobre los aspectos relativos a su programa de rehabilitación. Debe experimentarlo sin tener información previa.

c) Elegir entornos de trabajo adecuados a las posibilidades del alumno: interiores tranquilos, con pocos estímulos al principio y exteriores cada vez más complicados, cuando muestre un desarrollo adecuado de las habilidades.

d) Todas son correctas.

34. Al cumplir los seis años el niño con discapacidad visual debe haber adquirido las habilidades que se especifican a continuación, excepto:

a) En relación con el aseo y arreglo personal debe ser capaz de usar el wc correctamente, lavarse y secarse las manos, lavarse los dientes, bañarse con ayuda, vestirse y desvestirse con prendas sencillas y ponerse el abrigo.

b) En relación con los hábitos de alimentación será capaz de servirse agua del grifo y beber solo, utilizar el tenedor y la cuchara con alimentos fáciles y usar la servilleta.

c) En cuanto a las tareas en casa debe ser capaz de recoger sus juguetes y ayudar a poner y a quitar la mesa.

d) En relación con tareas cotidianas, uso y manejo del dinero (realización de compras sencillas); uso del teléfono (marcar un número y conocer el suyo propio); uso del reloj, televisión, equipos de música, etc.

35. Señala la afirmación correcta sobre la adquisición de hábitos de alimentación en la persona con discapacidad visual:

a) Incluye únicamente el correcto uso de los cubiertos y una postura correcta.

b) Para localizar los distintos elementos que hay en la mesa la persona con discapacidad visual puede realizar exploraciones que deben ser lentas y suaves tocando la mesa con los dedos flexionados y nunca por la parte superior, que conlleva más riesgo (especialmente si hay copas).

c) No es conveniente mantener el contacto con el plato en todo momento.

d) Todas son correctas.

36. Para facilitar la localización de los alimentos y los utensilios en la mesa a las personas con resto de visión, se pueden utilizar vajillas, cristalerías y cuberterías que:

a) Sean de tonos claros.

b) Sean de tonos oscuros.

c) Hagan contraste visual con los elementos textiles y los alimentos.

d) Que sean de la misma gama cromática que los elementos textiles y los alimentos.

37. Para favorecer el hábito correcto del baño o la ducha de la persona con discapacidad visual podemos utilizar facilitadores como:

a) Es preferible utilizar cortinas en vez de mamparas.

b) Se pueden usar dosificadores diferentes para cada producto de higiene (champú, gel, cremas hidratantes…).

c) utilizar textiles y complementos de la misma gama cromática que el resto de elementos que hay en el baño.

d) Todas son correctas.

38. Los niños con discapacidad visual presentan dificultad para desplazarse porque:

a) Suelen presentar problemas motóricos.

b) No son capaces de viajar en transportes públicos.

c) La falta de visión dificulta la orientación.

d) Los niños no pueden utilizar perros-guía.

39. Para que el niño con discapacidad visual adquiera un desplazamiento autónomo es imprescindible:

a) Que el niño adquiera una buena capacidad de orientación.

b) Que se someta a una operación quirúrgica que mejore su visión, en caso contrario, es imposible el desplazamiento autónomo.

c) Que el niño siempre vaya acompañado por sus padres.

d) Que el niño disponga de un perro-guía que le ayude en sus desplazamientos.

40. La orientación es:

a) Una capacidad innata que no requiere aprendizaje.

b) Trasladarse de un lugar a otro.

c) La capacidad para calcular distancias mentalmente.

d) La capacidad para reconocerse como ser independiente, situado en un lugar determinado, que sabe moverse en su entorno y cómo llegar a un lugar específico.

41. El sistema somatosensorial:

a) Proporciona información al cerebro sobre el tiempo que vamos a tardar en recorrer un trayecto.

b) Proporciona información al cerebro sobre la posición de las diferentes partes del cuerpo.

c) Proporciona información al cerebro sobre la textura y color de los objetos.

d) Incluye la propiocepción y la autoimagen.

42. El sistema vestibular:

a) Está situado en el oído externo.

b) Está situado en el oído interno.

c) Nos ayuda a reconocer la posición de los brazos.

d) Es importante en el invidente porque proporciona información del exterior.

43. El desarrollo de un bebé con discapacidad visual durante los dos primeros años:

a) Es exactamente igual al de un bebé vidente.

b) Es mucho más lento que el desarrollo del vidente desde el mismo momento del nacimiento.

c) Es más lento sólo en las conductas posturales.

d) Es algo más lento en relación con los desplazamientos (gateo y marcha).

44. ¿A partir de qué edad el niño con discapacidad visual ya es capaz de hacerse una representación mental más o menos fiel a la realidad del entorno que le rodea?

a) A partir de los cinco años.
b) A partir de los siete años.
c) A partir de los diez años.
d) A partir de los catorce años.

45. ¿A qué edad la representación mental del entorno puede ser ya un fiel reflejo de la realidad, con lo cual la independencia y autonomía en sus desplazamientos serán mayores?

a) A partir de los cinco años.
b) A partir de los siete años.
c) A partir de los diez años.
d) A partir de los catorce años.

46. Podemos facilitar la autonomía de la persona con discapacidad visual mediante un entorno accesible. Para ello podemos:

a) Poner la numeración de un ascensor en sistema Braille.
b) Colocar un indicador sonoro de la planta en que se encuentra.
c) Colocar dispositivos acústicos acoplados a los semáforos que indican cuándo se puede cruzar.
d) Todas son correctas.

47. De entre todas las técnicas de orientación y movilidad a disposición del niño con discapacidad visual, la que menos autonomía proporciona es:

a) Guía vidente.
b) Uso del bastón.
c) Perro guía.
d) Todas proporcionan la misma autonomía.

48. ¿De qué color es el bastón utilizado por personas con baja visión?

a) Blanco.
b) Blanco y rojo.
c) Negro.
d) Verde.

49. La técnica más apropiada para que un niño con discapacidad visual adquiera mayor autonomía en sus desplazamientos es:

a) El uso del bastón.
b) Acompañarlo siempre en sus desplazamientos, pues necesitan mucha más protección que el resto de los niños.

c) El uso de rampas que faciliten el acceso a los edificios donde el invidente acude con mayor frecuencia.

d) Las respuestas a) y b) son correctas.

50. ¿Cuál de las siguientes técnicas de orientación y movilidad es la menos usual cuando se trata de niños con discapacidad visual?

a) Guía vidente.

b) Uso del bastón.

c) Perro guía.

d) Los niños no pueden utilizar ninguna de las técnicas de orientación y movilidad señaladas.

Solución al test n.º 8

1. b) Agudeza visual.

2. b) Menor o igual al 10 % (0,1 en la escala de Wecker), obtenida con la mejor corrección óptica y/o un campo visual menor o igual a 10 grados en el mejor de sus ojos.

3. b) Menor de 0,3 en el mejor de los ojos, o un campo visual inferior a 20 grados.

4. c) Dioptría.

5. b) Catarata.

6. a) Una oscilación rítmica e involuntaria de uno o ambos ojos que puede presentarse a cualquier edad.

7. d) Las respuestas a) y b) son correctas.

8. d) Las respuestas b) y c) son correctas.

9. a) Estímulos táctiles y auditivos.

10. b) Debido al menor número de experiencias enriquecedoras.

11. d) Las respuestas a) y b) son correctas.

12. c) Los padres, asesorados por personal especializado.

13. b) Centros de recursos educativos que hacen apoyo a la enseñanza del invidente.

14. c) Ordinarios y con el apoyo de la ONCE.

15. d) Las ventanas deben ser correderas o de guillotina.

16. d) Todas las anteriores.

17. b) El sistema Braille.

18. b) Una máquina de escribir en Braille.

19. d) Todas son correctas.

20. a) Debe iniciarse desde la familia.

21. b) Retinopatía diabética.

22. a) Ver la televisión.

23. c) Glaucoma.

24. c) La orientación y la movilidad.

25. d) Ocasiona dificultad para la realización de actividades que requieran visión de detalles.

26. d) Estar formado por un movimiento lento en una dirección y un componente rápido en la otra, siendo el rápido el que define la dirección del nistagmus.

27. d) Todas son correctas.

28. a) La discapacidad visual tenga la menor repercusión posible en la autonomía del individuo.

29. b) La secuenciación de la actividad.

30. d) Todas son correctas.

31. c) Materiales adaptados.

32. c) Se adaptan a las necesidades del usuario.

33. c) Elegir entornos de trabajo adecuados a las posibilidades del alumno: interiores tranquilos, con pocos estímulos al principio y exteriores cada vez más complicados, cuando muestre un desarrollo adecuado de las habilidades.

34. d) En relación con tareas cotidianas, uso y manejo del dinero (realización de compras sencillas); uso del teléfono (marcar un número y conocer el suyo propio); uso del reloj, televisión, equipos de música, etc.

35. b) Para localizar los distintos elementos que hay en la mesa la persona con discapacidad visual puede realizar exploraciones que deben ser lentas y suaves tocando la mesa con los dedos flexionados y nunca por la parte superior, que conlleva más riesgo (especialmente si hay copas).

36. c) Hagan contraste visual con los elementos textiles y los alimentos.

37. b) Se pueden usar dosificadores diferentes para cada producto de higiene (champú, gel, cremas hidratantes…).

38. c) La falta de visión dificulta la orientación.

39. a) Que el niño adquiera una buena capacidad de orientación.

40. d) La capacidad para reconocerse como ser independiente, situado en un lugar determinado, que sabe moverse en su entorno y cómo llegar a un lugar específico.

41. b) Proporciona información al cerebro sobre la posición de las diferentes partes del cuerpo.

42. b) Está situado en el oído interno.

43. d) Es algo más lento en relación con los desplazamientos (gateo y marcha).

44. b) A partir de los siete años.

45. d) A partir de los catorce años.

46. d) Todas son correctas.

47. a) Guía vidente.

48. d) Verde.

49. a) El uso del bastón.

50. c) Perro guía.

TEST N.º 9

Características básicas de las personas con discapacidad auditiva. Problemas en su escolarización o socialización. Su contexto de relaciones

1. La discapacidad auditiva por la que el individuo no percibe ningún sonido y supone una pérdida total de audición, se denomina:

a) Hipoacusia.
b) Anacusia o cofosis.
c) Disacusia.
d) Dependencia auditiva.

2. Una persona con una pérdida auditiva de 43 dB tendría:

a) Hipoacusia leve o ligera.
b) Hipoacusia media o moderada.
c) Hipoacusia severa.
d) Hipoacusia profunda.

3. ¿Qué parte del sistema auditivo puede estar afectada en la hipoacusia de conducción?

a) Oído externo.
b) Oído interno.
c) Oído medio.
d) Las respuestas a) y c) son correctas.

4. La perforación timpánica causa:

a) Hipoacusia de conducción.
b) Hipoacusia de percepción.
c) Sordera mixta.
d) Cualquiera de las anteriores.

5. La otosclerosis:

a) Causa hipoacusia de transmisión.
b) Aparece en fase poslocutiva.
c) Cursa con osificación excesiva del estribo.
d) Todas son correctas.

6. Los antibióticos aminoglucósidos causan:

a) Hipoacusia de conducción.
b) Hipoacusia de transmisión.
c) Hipoacusia de percepción.
d) Hipoacusia mixta.

7. La prueba ideal para estudiar la capacidad auditiva es:

a) La exploración del tímpano.
b) El escáner craneal.
c) La audiometría.
d) El test del ruido.

8. La voz humana normal tiene una intensidad de:

a) 1.000 Hz.
b) 500 dB.
c) 40-60 dB.
d) 40-60 Hz

9. En la hipoacusia de transmisión, la audiometría:

a) Es normal la conducción ósea y la aérea.
b) Es anormal la conducción ósea y normal la aérea.
c) Es normal la conducción ósea y alterada la aérea.
d) Están alteradas la ósea y la aérea.

10. En la hipoacusia de percepción, la audiometría:

a) Son anormales la conducción ósea y aérea.
b) Son normales ambas conducciones.
c) Es normal sólo la conducción ósea.
d) Es normal sólo la conducción aérea.

11. El diagnóstico precoz de la discapacidad auditiva permite:

a) Asegurar mayor eficacia en el tratamiento.
b) Prevenir los problemas derivados de la falta de audición.

c) Paliar la influencia negativa en el desarrollo del niño/a tales como: dificultades en el desarrollo lingüístico, problemas de relación, retraso escolar, etc.

d) Todas son correctas.

12. Los audífonos:

a) Sirven para amplificar la intensidad de los sonidos.

b) Se componen de micrófono, amplificador y altavoz.

c) Pueden transmitir el sonido por vía ósea y aérea.

d) Todas son correctas.

13. El implante coclear:

a) Es un tipo de audífono interno.

b) Se usa cuando está dañado el nervio auditivo.

c) Transforma sonidos en descargas eléctricas.

d) Todas son correctas.

14. Los retrasos en el aprendizaje del niño con discapacidad auditiva se deben a:

a) Ligera discapacidad intelectual.

b) Falta de comunicación oral.

c) Carácter de los mismos.

d) Segregación familiar.

15. Una de las necesidades a nivel de centro que plantean los alumnos con discapacidad auditiva es:

a) Necesidad de espacios con recursos adicionales para reducir las barreras comunicativas: avisos luminosos, FM, bucles magnéticos, señalizaciones, megafonías de calidad, teléfonos de textos, videoporteros, etc.

b) Necesidad de sistemas aumentativos y alternativos de comunicación y de estrategias comunicativas de apoyo al lenguaje oral.

c) Necesidad de ayudas visuales: avisos luminosos, claves visuales, etiquetados, etc.

d) Necesidad de acceder a la comprensión y expresión escrita, como medio de información y aprendizaje autónomo.

16. Una de las necesidades a nivel de aula que plantean los alumnos con discapacidad auditiva es:

a) Necesidad de proyectos educativos y curriculares que contemplen las necesidades educativas especiales del alumnado con discapacidad auditiva o sordera.

b) Necesidad de información, sensibilización y compromiso activo de la comunidad educativa.

c) Necesidad de materiales didácticos adecuados para potenciar el trabajo del lenguaje oral y de aplicaciones informáticas.

d) Necesidad de adquirir tempranamente un código de comunicación (oral o signado) que le permita desarrollar su capacidad comunicativa y cognitiva así como su socialización familiar y escolar.

17. El equipo multidisciplinar encargado de la educación del niño con discapacidad auditiva, incluye:

a) Profesor tutor.
b) Logopeda.
c) Profesor de apoyo.
d) Todos los anteriores.

18. Respecto al aula en un centro escolar con niños con discapacidad auditiva:

a) Los niños con discapacidad auditiva deben sentarse en la parte trasera de la clase, pues no oyen.
b) El profesor se colocará al lado de la oreja del niño con discapacidad auditiva.
c) La terapia auditiva se hará en clases próximas al patio, para que puedan oír ruidos.
d) El niño con discapacidad auditiva se colocará en los pupitres delanteros y el profesor frente a él.

19. La forma más eficaz de luchar contra la marginación del niño con discapacidad auditiva es:

a) Dejar que asistan a centros escolares ordinarios.
b) Pagarles un sueldo de minusválido.
c) Enseñarles una forma de lenguaje.
d) Crear grupos recreativos de niños con discapacidad auditiva.

20. La lengua de signos:

a) Es un sistema de comunicación.
b) Es una lengua natural de carácter visual, gestual y espacial con gramática propia.
c) Es universal. No existen diferentes lenguas de signos.
d) Es la lengua utilizada por personas con discapacidad intelectual.

21. ¿Qué organismo trabaja por la normalización de la lengua de signos española, actuando como centro asesor y de referencia que vela por su buen uso y contribuye a garantizar los derechos lingüísticos de las personas signantes?

a) Centro de Normalización Lingüística de la Lengua de Signos Española (CNLSE).
b) Asociación Española de Personas Signantes (AEPS).
c) Confederación Estatal de Personas Sordas (CNSE).
d) Confederación Española de Familias de Personas Sordas (FIAPAS).

22. El derecho al uso de la Lengua de Signos se encuentra regulado en España a través de:

a) La Ley 40/2005 de 4 de diciembre.
b) La Ley 27/2007 de 23 de octubre.
c) La Ley 8/2010 de 26 de enero.
d) La Ley 15/2014 de 6 de junio.

23. Según definición de la Ley por la que se reconocen las lenguas de signos españolas y se regulan los medios de apoyo a la comunicación oral de las personas sordas, con discapacidad auditiva y sordociegas, los profesionales especializados en sistemas alternativos y/o sistemas aumentativos de apoyo a la comunicación oral, que estimulan y facilitan el desarrollo de la misma, son:

a) Intérprete de lengua de signos.
b) Guía-intérprete.
c) Logopeda y Maestro/a Especialista en audición y lenguaje.
d) Todas son correctas.

24. La ley citada anteriormente se inspira en una serie de principios. Señala el incorrecto:

a) Transversalidad de las políticas en materia de lengua de signos y medios de apoyo a la comunicación oral.
b) Libertad de elección.
c) Inclusión.
d) Normalización.

25. Según el artículo 6 de la Ley citada en los ítems anteriores, de acuerdo con el principio de transversalidad de las políticas en materia de discapacidad, lo dispuesto en esta Ley se aplicará en las siguientes áreas excepto:

a) Bienes y servicios a disposición del público.
b) Transportes.
c) Salas de cine.
d) Participación política.

26. Señala la afirmación correcta sobre el Cued-Speech o palabra complementada:

a) Fue elaborado por Borel-Maissony, concebido originalmente para la reeducación de los trastornos de lecto-escritura.
b) Es un sistema de comunicación, que cuenta con un código manual que se desarrolla alrededor de la cara (posición de la mano, forma de la mano y movimiento de la mano).
c) Su uso sustituye al entrenamiento del aprendizaje de sonidos de la lengua y de la lengua de signos.
d) Todas son correctas.

27. ¿Qué es el SUVAG (Sistema Universal de Audición de Guberina)?

a) Un tipo de implante coclear.
b) Un tipo de audífono retroauricular.
c) Un equipo de amplificación diseñado por P. Guberina, para aplicación dentro del método Verbotonal de la educación de niños con deficiencias auditivas.
d) El organismo internacional que regula la lengua de signos.

28. ¿Qué sistema de comunicación consiste en ir deletreando todo lo que habla mediante figuras de la mano, acompañadas en ocasiones por movimientos que corresponden a la trascripción del alfabeto?

a) Mímico.
b) Dactilógico.
c) Lengua de signos.
d) Cued-Speech.

29. Los equipos de amplificación más utilizados por las personas con discapacidad auditiva son:

a) Audífonos.
b) Prótesis eléctricas.
c) Equipos de reeducación.
d) Equipos individuales de FM.

30. Tipo de audífonos que constan de una cajita metálica que contiene un amplificador y controles que se unen a los hilos de los receptores auriculares:

a) Audífonos de petaca.
b) Audífono retroauricular.
c) Audífono intraauricular.
d) Audífono intracanales.

31. ¿Cuál es la función de un implante coclear?

a) Transmitir la señal sonora mediante ondas de alta frecuencia desde la fuente de sonido hasta el audífono del sujeto.
b) Estimular eléctricamente las vías auditivas.
c) Transmitir sonidos por vía táctil.
d) Todas son correctas.

32. En la estimulación vibrotáctil el sonido se transmite:

a) Al oído.
b) A un amplificador.

c) A un vibrador.
d) A un receptor.

33. Es un Tutor Virtual para Aprender a Hablar. Está dirigido a niños que presentan graves problemas de sordera y que desean aprender a hablar con normalidad:

a) Globus.
b) Speech Viewer III-IBM.
c) BALDI.
d) Sign Language Teacher.

34. Se trata de un visualizador fonético. A través de la utilización del micrófono del ordenador, es posible visualizar el sonido de distintas maneras y hacer pequeñas actividades de imitación de los sonidos emitidos por el profesor (ritmo, intensidad...), o de competir con el ordenador, emitiendo en un sencillo juego de carreras.

a) Globus.
b) Speech Viewer III-IBM.
c) BALDI.
d) Sign Language Teacher.

Solución al test n.º 9

1. b) Anacusia o cofosis.

2. b) Hipoacusia media o moderada.

3. d) Las respuestas a) y c) son correctas.

4. a) Hipoacusia de conducción.

5. d) Todas son correctas.

6. c) Hipoacusia de percepción.

7. c) La audiometría.

8. c) 40-60 dB.

9. c) Es normal la conducción ósea y alterada la aérea.

10. a) Son anormales la conducción ósea y aérea.

11. d) Todas son correctas.

12. d) Todas son correctas.

13. c) Transforma sonidos en descargas eléctricas.

14. b) Falta de comunicación oral.

15. a) Necesidad de espacios con recursos adicionales para reducir las barreras comunicativas: avisos luminosos, FM, bucles magnéticos, señalizaciones, megafonías de calidad, teléfonos de textos, videoporteros, etc.

16. c) Necesidad de materiales didacticos adecuados para potenciar el trabajo del lenguaje oral y de aplicaciones informáticas.

17. d) Todos los anteriores.

18. d) El niño con discapacidad auditiva se colocará en los pupitres delanteros y el profesor frente a él.

19. c) Enseñarles una forma de lenguaje.

20. b) Es una lengua natural de carácter visual, gestual y espacial con gramática propia.

21. a) Centro de Normalización Lingüística de la Lengua de Signos Española (CNLSE).

22. b) La Ley 27/2007 de 23 de octubre.

23. c) Logopeda y Maestro/a Especialista en audición y lenguaje.

24. c) Inclusión.

25. c) Salas de cine.

26. b) Es un sistema de comunicación, que cuenta con un código manual que se desarrolla alrededor de la cara (posición de la mano, forma de la mano y movimiento de la mano).

27. c) Un equipo de amplificación diseñado por P. Guberina, para aplicación dentro del método Verbotonal de la educación de niños con deficiencias auditivas.

28. b) Dactilológico.

29. a) Audífonos.

30. a) Audífonos de petaca.

31. b) Estimular eléctricamente las vías auditivas.

32. c) A un vibrador.

33. c) BALDI.

34. a) Globus.

TEST N.º 10

La inclusión de personas con discapacidad en espacios de ocio y de tiempo libre. Procesos, planificación e intervención. Detección, selección y acceso a recursos comunitarios. Afectividad y sexualidad en las personas con discapacidad

1. El tiempo que queda después de realizar las obligaciones personales se denomina:

a) Tiempo libre.
b) Ocio.
c) Tiempo muerto.
d) a) y b) son correctas, pues son conceptos sinónimos.

2. La mayoría de las definiciones de ocio dadas por los diferentes autores coinciden al señalar tres condiciones fundamentales para considerar una actividad como ocio. Señala la incorrecta:

a) Autonomía. Libre elección-voluntariedad.
b) Necesidad de planificación.
c) Vivencia placentera-satisfacción.
d) Deseable por sí misma y con carácter final.

3. Una característica que debe tener el ocio es el autotelismo. ¿A qué nos referimos con este término?

a) La actividad de ocio produce mejoras en la persona.
b) Una actividad de ocio es deseable simplemente por el gusto de realizarla.
c) El ocio es una actividad elegida de forma autónoma.
d) El ocio debe estar planificado por un profesional.

4. Señala la afirmación correcta sobre la concepción de ocio como consumo cultural.

a) Se encuadra en la corriente de democratización de la cultura y la difusión cultural.
b) Tiene su máxima expresión en la cultura de masas.

c) Este tipo de ocio ha dado lugar al nacimiento de la industria del ocio cultural.

d) Todas son correctas.

5. ¿Qué tipo de ocio se pude considerar el hecho de asistir a un concierto, a una representación teatral, leer, ver la televisión?

a) Ocio activo.

b) Ocio pasivo.

c) Ocio Colectivo.

d) Ocio Social.

6. En función del ámbito en que se realizan las actividades de ocio, ¿de qué tipo de ocio hablamos cuando asistimos a fiestas o veladas?

a) Ocio de Naturaleza.

b) Ocio de Formación y cultura.

c) Ocio de Recreación.

d) Ocio Social.

7. Según Cuenca las dimensiones del ocio son cinco. Señala la incorrecta:

a) Dimensión Lúdica.

b) Dimensión Económica.

c) Dimensión Festiva-comunitaria.

d) Dimensión Solidaria.

8. Considerada como una manifestación de la identidad cultural y social, la fiesta –en su sentido tradicional y moderno– es concebida como una muestra extraordinaria del ocio compartido, frente a las vivencias más individuales de este. ¿A qué dimensión del ocio nos referimos?

a) Dimensión Lúdica.

b) Dimensión Económica.

c) Dimensión Festiva-comunitaria.

d) Dimensión Solidaria.

9. López Andrada y otros autores distinguen cinco niveles de aprovechamiento del ocio, según sea más o menos edificante para la persona. ¿Cuál de los siguientes niveles supone un menor aprovechamiento?

a) Entretenimiento.

b) Consumo.

c) Aburrimiento.

d) Descanso.

10. López Andrada describe este nivel de aprovechamiento del ocio como aquel estadio en el que el individuo delega sobre las empresas de servicios y las industrias de ocio la entera responsabilidad de organizar entretenimientos para su tiempo libre:

a) Entretenimiento.
b) Consumo.
c) Aburrimiento.
d) Descanso.

11. Es un proceso que dura toda la vida y en el que las personas adquieren y acumulan conocimientos, capacidades y actitudes de las experiencias diarias y del contacto con su medio:

a) Educación Formal.
b) Educación Informal.
c) Educación No Formal.
d) Ocio formativo.

12. Hernández distingue tres elementos del ocio. Señala el incorrecto:

a) El tiempo libre.
b) La satisfacción personal.
c) El tipo de actividad.
d) La experiencia vivida.

13. Entre los objetivos de la Educación para el ocio y tiempo libre se encuentra:

a) Fomentar la creatividad.
b) Despertar aficiones.
c) Fomentar el respeto a los demás.
d) Todas son correctas.

14. Llull Peñalba propone una serie de objetivos generales para la educación para el ocio y el tiempo libre. ¿Cuál no es uno de ellos?

a) Ayudar a una mejor organización de los tiempos de la vida de las personas, con el fin de obtener un mayor tiempo personal y una cierta liberación de las obligaciones, compromisos y tensiones de cada día.
b) Fomentar el empleo del tiempo libre como simple reponedor de fuerzas, tanto físicas como psíquicas.
c) Fomentar la expresión creativa individual como una forma de recuperar el valor significativo y participativo de la democracia cultural.
d) Proponer situaciones inusuales y experiencias extraordinarias, que ayuden al descubrimiento personal de capacidades y destrezas, de acuerdo con los principios del aprendizaje significativo y la educación permanente.

15. Puig y Trilla proponen como principio de una pedagogía del ocio:

a) Respetar la autonomía y la libre elección. La pedagogía del ocio ha de ir dirigida a enseñar a crear, no sólo a consumir; ha de generar alternativas para que se pueda elegir, ha de fomentar y no suplir.

b) Estimular el valor de lo cotidiano, explorando el placer que encierran actividades que se realizan en el tiempo libre, como cuidar su propio espacio, relacionarse con los vecinos, etc.

c) Compatibilizar el ocio individual con el colectivo para lograr un encuentro satisfactorio con uno mismo y con los demás.

d) Todas son correctas.

16. ¿Qué se entiende por ocio inclusivo?

a) Son las actividades de ocio diseñadas específicamente para personas con discapacidad.

b) Son las actividades de ocio promovidas por asociaciones de personas con discapacidad.

c) Se refiere a actividades de tiempo libre diseñadas para que todas las personas, independientemente de sus capacidades, puedan participar y disfrutar juntas.

d) Ninguna es correcta.

17. La sexualidad humana permite el desarrollo de tres funciones o dimensiones principales, ¿cuál es la incorrecta?

a) Dimensión Relacional.
b) Dimensión Cognitiva.
c) Dimensión Recreativa.
d) Dimensión Reproductiva.

18. La Ley Orgánica 2/2010, de 3 de marzo, de salud sexual y reproductiva y de la interrupción voluntaria del embarazo, define la salud sexual como:

a) El estado de completo bienestar físico, mental y social y no solamente la ausencia de afecciones o enfermedades.

b) El estado de bienestar físico, psicológico y sociocultural relacionado con la sexualidad, que requiere un entorno libre de coerción, discriminación y violencia.

c) La condición de bienestar físico, psicológico y sociocultural en los aspectos relativos a la capacidad reproductiva de la persona, que implica que se pueda tener una vida sexual segura, la libertad de tener hijos y de decidir cuándo tenerlos.

d) La Ley Orgánica 2/2010, de 3 de marzo no define la salud sexual.

19. El término de salud sexual y reproductiva se acuñó por primera vez en:

a) El documento Salud Sexual para el milenio: declaración y documento técnico.2009.
b) La Cuarta Conferencia Mundial sobre la Mujer. Beijing, 1995.

c) La Conferencia Internacional sobre Población y Desarrollo de Naciones Unidas (CIPD). El Cairo,1994.

d) La "Cumbre del Milenio". 2000.

20. Según el documento Salud Sexual para el milenio: declaración y documento técnico.2009, no es uno de los derechos sexuales:

a) El derecho a la libertad sexual.

b) El derecho a la vida.

c) El derecho al placer sexual.

d) El derecho a la educación sexual integral.

21. Uno de los derechos reproductivos, tomados de ONUSIDA y de la Carta de Derechos Reproductivos de la IPPF es:

a) Derecho a la igualdad / derecho a la no discriminación.

b) Derecho a la intimidad y la confidencialidad.

c) Derecho a información y educación sobre SSR.

d) Todas son correctas.

22. La negación social de las necesidades y deseos sexuales de las personas con discapacidad tiene como consecuencia:

a) Un mayor bienestar emocional.

b) Un desarrollo personal más positivo y adaptado a sus deficiencias.

c) Una escasa o nula educación sexual que lleva a un déficit de conocimientos, experiencias, habilidades y actitudes relacionadas con la afectividad y la sexualidad.

d) Nunca ha existido la negación social de tales necesidades.

23. Sobre la sexualidad de las personas con discapacidad es cierto que:

a) Las personas con discapacidad no tienen deseos y necesidades sexuales: son seres asexuados.

b) La intervención sexual sólo despierta su sexualidad "dormida".

c) Las personas con discapacidad tienen una motivación sexual "incontrolada" y una importante falta de control de impulsos (hipersexualidad).

d) Las personas con discapacidad tienen fantasías sexuales.

24. Cobo (2012) reconoce que la sexualidad es un hecho biopsicosocial que implica tres realidades. A nivel social hablamos de:

a) Sexuación.

b) Sexualidad.

c) Erótica.

d) Coito.

25. Con respecto a la sexualidad de las personas con discapacidad intelectual podemos decir que:

a) La sexualidad es una habilidad del ser humano que queda anulada por la discapacidad intelectual.

b) Las personas con discapacidad no tienen fantasías sexuales.

c) A nivel biológico, el proceso de sexuación es similar al de cualquier otra persona, diferenciándose únicamente en las dificultades para el aprendizaje.

d) Todas son correctas.

26. En el caso de las personas con discapacidad sobrevenida, en la intervención en relación a la sexualidad y afectividad lo más importante es:

a) La educación sexual.

b) Enseñar a la persona a vivir y aceptar su nueva situación, fortaleciendo su autoestima y dotándola de recursos y estrategias susceptibles de ayudarles a vivir su nueva situación lo mejor posible.

c) La negación de la sexualidad.

d) No intervenir, que sea la persona con discapacidad quien tome sus propias decisiones.

27. Una de las principales dificultades en la sexualidad y afectividad debidas al daño cerebral adquirido es:

a) Falta de aceptación de uno mismo después del daño.

b) Dificultades para la movilidad.

c) Crisis sobre su feminidad o su masculinidad, muy centrada en su nueva percepción sobre el propio cuerpo.

d) Todas son correctas.

28. Las lesiones medulares también pueden tener un fuerte impacto en la sexualidad del individuo. Señala la afirmación correcta:

a) Las mujeres normalmente presentan un grado de afectación orgánica menor que el hombre.

b) Las mujeres normalmente presentan un grado de afectación orgánica mayor que el hombre.

c) El grado de afectación orgánica es igual en hombres que en mujeres.

d) Las lesiones medulares no conllevan afectación orgánica relacionada con la sexualidad.

29. El modelo de intervención en el campo de la sexualidad y los afectos más aceptado en la actualidad es:

a) Modelo médico o de riesgo.

b) Modelo religioso o moral.

c) Modelo revolucionario o de prescripción de actividad sexual.

d) Modelo biográfico-profesional.

30. ¿Cuál de los cuatro modelos de intervención en el campo de la sexualidad y los afectos surge en los años treinta en la izquierda freudiana entre los autores que pretenden hacer una síntesis entre las ideas de Freud y Marx?

a) Modelo médico o de riesgo.
b) Modelo religioso o moral.
c) Modelo revolucionario o de prescripción de actividad sexual.
d) Modelo biográfico-profesional.

31. ¿Cuál de los cuatro modelos de intervención en el campo de la sexualidad y los afectos tiene como principal objetivo evitar los riesgos y problemas de salud asociados a la actividad sexual?

a) Modelo médico o de riesgo.
b) Modelo religioso o moral.
c) Modelo revolucionario o de prescripción de actividad sexual.
d) Modelo biográfico-profesional.

32. ¿Qué caracteriza al modelo biográfico-profesional de intervención en el campo de la sexualidad?

a) Es un modelo prescriptivo.
b) El adoctrinamiento.
c) Actitud erotofílica: discurso negativo sobre la sexualidad.
d) Ética: ser responsable del grado de libertad que pongamos en práctica.

33. El documento Afectividad y sexualidad de la Serie de Buenas Prácticas en la Atención a Personas con Discapacidad editado por la Diputación Foral de Álava, propone un programa de educación sexual y afectiva. El módulo dirigido a los profesionales centra la formación en un curso intensivo que incluya los siguientes contenidos (señala el incorrecto):

a) La importancia de la sexualidad y la afectividad en las personas con discapacidad.
b) Las falsas creencias y los mitos en relación con la sexualidad de las personas con discapacidad.
c) La labor de los padres de las personas con discapacidad en la educación sexual de sus hijos.
d) Las dificultades y limitaciones existentes para la satisfacción de necesidades afectivo-sexuales en las personas con discapacidad.

34. En el módulo dirigido a las personas con discapacidad del programa de educación sexual y afectiva que se propone en el documento mencionado en la pregunta anterior, se plantean una serie de objetivos, entre los que no se incluye:

a) Desarrollar conocimientos sobre sexualidad adaptados a sus capacidades e intereses.
b) Ser conscientes de su vulnerabilidad frente a abusos sexuales.
c) Adquirir hábitos saludables con el propio cuerpo.
d) Aprender a decir NO.

Solución al test n.º 10

1. a) Tiempo libre.

2. b) Necesidad de planificación.

3. b) Una actividad de ocio es deseable simplemente por el gusto de realizarla.

4. d) Todas son correctas.

5. b) Ocio pasivo.

6. c) Ocio de Recreación.

7. b) Dimensión Económica.

8. c) Dimensión Festiva-comunitaria.

9. b) Consumo.

10. b) Consumo.

11. b) Educación Informal.

12. b) La satisfacción personal.

13. d) Todas son correctas.

14. b) Fomentar el empleo del tiempo libre como simple reponedor de fuerzas, tanto físicas como psíquicas.

15. d) Todas son correctas.

16. c) Se refiere a actividades de tiempo libre diseñadas para que todas las personas, independientemente de sus capacidades, puedan participar y disfrutar juntas.

17. b) Dimensión Cognitiva.

18. b) El estado de bienestar físico, psicológico y sociocultural relacionado con la sexualidad, que requiere un entorno libre de coerción, discriminación y violencia.

19. c) La Conferencia Internacional sobre Población y Desarrollo de Naciones Unidas (CIPD). El Cairo,1994.

20. b) El derecho a la vida.

21. d) Todas son correctas.

22. c) Una escasa o nula educación sexual que lleva a un déficit de conocimientos, experiencias, habilidades y actitudes relacionadas con la afectividad y la sexualidad.

23. d) Las personas con discapacidad tienen fantasías sexuales.

24. c) Erótica.

25. c) A nivel biológico, el proceso de sexuación es similar al de cualquier otra persona, diferenciándose únicamente en las dificultades para el aprendizaje.

26. b) Enseñar a la persona a vivir y aceptar su nueva situación, fortaleciendo su autoestima y dotándola de recursos y estrategias susceptibles de ayudarles a vivir su nueva situación lo mejor posible.

27. d) Todas son correctas.

28. a) Las mujeres normalmente presentan un grado de afectación orgánica menor que el hombre.

29. d) Modelo biográfico-profesional.

30. c) Modelo revolucionario o de prescripción de actividad sexual.

31. a) Modelo médico o de riesgo.

32. d) Ética: ser responsable del grado de libertad que pongamos en práctica.

33. c) La labor de los padres de las personas con discapacidad en la educación sexual de sus hijos.

34. b) Ser conscientes de su vulnerabilidad frente a abusos sexuales.

TEST N.º 11

El papel del personal cuidador en las actividades de ocio y tiempo libre; recreos, salidas, excursiones, campamentos. El personal cuidador como dinamizador de juegos y actividades

1. Las actividades de ocio del niño con NEE serán:

a) Completamente planificadas y rígidas.
b) Flexibles y abiertas.
c) Para favorecer que los niños especiales jueguen entre ellos.
d) Las respuestas b) y c) son correctas.

2. El cuidador, como profesional encargado de la vigilancia y cuidado del niño en las actividades de ocio, deberá:

a) Tener en cuenta el tipo de discapacidad.
b) Tener en cuenta el tiempo de que dispone.
c) Aportar el material de juego que se necesite.
d) Todas las respuestas son correctas.

3. El cuidador:

a) Intentará que los niños con NEE jueguen entre ellos.
b) Intentará que los niños con NEE jueguen con todos los niños.
c) Impedirá que el niño con NEE juegue, pues esto supone un riesgo físico para el mismo.
d) Corregirá en público los defectos que detecte en el niño.

4. ¿A qué se denomina aula abierta?

a) Son aulas con ventanales que miran directamente al campo.
b) Son aulas sin puertas, para favorecer la integración.
c) Son proyectos educativos de conocimiento del medio ambiente.
d) Las respuestas a) y b) son correctas.

5. La labor del personal auxiliar cuidador en el patio del colegio debe ser:

a) Mediar en los conflictos de los alumnos.
b) Velar por la integridad física de los mismos.
c) Interactuar con los niños de forma activa durante el juego, fomentando actitudes y valores como el respeto, la cooperación, la resolución pacífica de conflictos, el rechazo de la violencia en cualquiera de sus formas, etc.
d) Todas las respuestas son correctas.

6. En el recreo la intervención del cuidador debe dirigirse a:

a) Fomentar la autonomía del alumno con necesidades educativas especiales hasta donde sea posible y le permita su discapacidad.
b) Impedir que el niño con discapacidad juegue con otros alumnos.
c) Jugar con los alumnos con discapacidad formando un grupo homogéneo.
d) El cuidador no interviene en el recreo.

7. Entre los objetivos que deben proponerse en un comedor escolar no está:

a) Promover y desarrollar hábitos personales de higiene y buena alimentación dentro de los contenidos transversales de educación para la salud.
b) Fomentar la convivencia y cooperación en actividades que no están relacionados directamente con los contenidos escolares tradicionales.
c) Tomar todos los alimentos que haya en el plato.
d) Poner en práctica las normas higiénicas y sanitarias estudiadas en clase, poniendo así de manifiesto que los contenidos académicos son aplicables en nuestra vida cotidiana.

8. La labor del cuidador durante la comida en el comedor escolar incluye:

a) Velar por que se respeten las normas de convivencia del comedor.
b) Enseñar el uso de los cubiertos y desarrollar el hábito de buena masticación en los alumnos con NEE.
c) Cuidar que los alumnos con discapacidad que así lo requieran tengan sus utensilios adaptados para poder comer solos, enseñándolos a utilizarlos cuando sea necesario.
d) Todas las respuestas son correctas.

9. El juego es una actividad seria porque:

a) El niño pone el mismo empeño, concentración y atención jugando que un adulto trabajando.
h) Solo proporciona diversión cuando el niño juega con un adulto, que sabe cómo entretenerlo.
c) Cuanto más serio sea el juego, mayor es el aprendizaje que favorece.
d) El juego no es una actividad seria, sino divertida.

10. La tendencia a convertir cada actividad en juego:

a) Es más evidente en los adultos.
b) Es mayor cuanto más pequeño es el niño.
c) Se hace más evidente cuanto mayor es el niño.
d) No se da de forma espontánea en los niños de Educación Preescolar.

11. Es importante incluir el juego entre las tareas cotidianas en el aula, porque:

a) Se revela como un recurso metodológico fundamental en el ámbito escolar.
b) Es una actividad altamente motivadora.
c) De este modo eliminamos la falsa dicotomía entre juego y trabajo escolar.
d) Todas las respuestas son correctas.

12. El juego favorece el desarrollo psicomotor, porque:

a) Estimula la creatividad.
b) Favorece la relación con los demás.
c) Puede descubrir sensaciones nuevas que de otro modo el niño no tendría ocasión de experimentar.
d) Estimula la agresividad.

13. El juego promueve la creación de zonas de desarrollo potencial que, como sabemos, es la zona por la que puede moverse el niño para construir aprendizajes significativos. Este caso es un ejemplo de cómo el juego favorece:

a) El desarrollo cognitivo.
b) El desarrollo social.
c) El desarrollo motor.
d) El desarrollo afectivo.

14. En lo que se refiere al desarrollo social:

a) El juego facilita el conocimiento y la relación con los demás.
b) El juego permite el autoconocimiento o conocimiento de sí mismo.
c) El juego entre iguales favorece la comunicación cooperación entre ellos.
d) Las respuestas a), b) y c) son correctas.

15. El juego infantil, durante los cuatro primeros meses, se caracteriza porque:

a) Es principalmente espontáneo.
b) Juega más con los adultos que en solitario.
c) El interés se centra en los objetos.
d) Todas las opciones son correctas.

16. Entre los 4 y los 8 meses:

a) El niño juega sobre todo en solitario.
b) Empieza a interesarse por los propios elementos corporales.
c) Empieza a mostrar interés por la manipulación de objetos.
d) Las respuestas b) y c) son correctas.

17. Entre los 8 y los 12 meses:

a) El niño muestra una clara preferencia por jugar en solitario.
b) Sus juegos se centran en la "investigación" de qué efectos producen sus actos.
c) Se divierten con los juegos de aparecer y desaparecer.
d) Las respuestas b) y c) son correctas.

18. Al año de edad aproximadamente:

a) Cada vez requiere más la presencia del adulto para jugar.
b) El juego se dirige hacia sí mismo.
c) Lleva a cabo un juego compartido.
d) Lleva a cabo un juego en paralelo.

19. Entre los dos y los tres años aproximadamente:

a) Predomina el juego compartido.
b) Se abandona definitivamente el juego en paralelo.
c) Aparece el juego simbólico.
d) Todas las opciones son correctas.

20. El juego sensoriomotor, descrito por Piaget, se caracteriza por:

a) Tener lugar entre los 2 y los 7 años de edad.
b) La imitación sistemática y la exploración de lo nuevo.
c) El niño actúa como si fuese otra persona.
d) La necesidad de que el niño acate unas normas.

21. Los juegos de destrucción, que describe Chateau:

a) Se basan en el deseo de autoafirmación del niño.
b) Se caracterizan por el desorden y el arrebato.
c) Es un tipo de juego no reglado.
d) Todas las respuestas son correctas.

22. Entre las ventajas del juego espontáneo podemos citar:

a) Se trata de juegos muy variados.
b) Existe un perfecto ajuste a la edad e intereses del niño.

c) Permite la corrección y eliminación de defectos.
d) Sus efectos son controlados por el profesor.

23. Los mejores juguetes para un niño son:

a) Los fabricados por empresas de reconocido prestigio por su calidad.
b) Los más caros.
c) Los que mejor se adaptan a las características personales de cada niño concreto.
d) Los que están elaborados artesanalmente.

24. A la hora de comprar un juguete para un niño de Educación Infantil debemos tener en cuenta, entre otros aspectos:

a) Es imprescindible que no contenga piezas pequeñas que puedan producir el ahogamiento del niño.
b) Cuanto más sofisticado es el juguete, mayor diversión proporciona.
c) Es conveniente tener siempre un juguete a mano con el que poder premiar la buena conducta de los niños.
d) Todas son correctas.

25. No debemos proporcionar a un niño un juguete:

a) De una marca desconocida.
b) Que no cumpla con las medidas de seguridad que establece la Unión Europea.
c) Que no esté diseñado específicamente para su edad cronológica.
d) Que ya ha usado anteriormente otro niño.

26. Una de las pruebas a las que se someten los juguetes para comprobar su seguridad es:

a) La resistencia.
b) La belleza.
c) El coste económico de producción.
d) La inflamabilidad.

27. Siguiendo a Vicente Martínez y Francisco Gregorio, podemos identificar tres condiciones básicas que debe reunir un buen espacio lúdico. Estas condiciones son:

a) Seguridad física, seguridad psíquica y libertad e independencia.
b) Seguridad, amplitud y libertad.
c) Seguridad física, seguridad mental y seguridad mecánica.
d) Seguridad física, seguridad emocional y afectiva y amplitud.

28. Los juguetes dentro del aula:

a) Deben situarse en alto, para que sea el profesor el que decida las actividades a realizar.
b) Deben situarse al alcance de los niños, para favorecer la libertad de elección y de acción.

c) Deben situarse en alto, pero de modo que sean visibles por los niños, así estimulamos el lenguaje verbal, si necesitan pedirnos lo que desean.

d) Ninguna de las anteriores.

29. Podemos estimular al niño para recoger si:

a) Los niños de Educación infantil y con NEE no tienen capacidad para recoger los juguetes.

b) Ponemos una etiqueta con un código sencillo en el lugar donde se guarda el material.

c) Lo castigamos cada vez que deja un juguete sin recoger.

d) Lo amenazamos con tirar los juguetes si no recoge.

30. Los juegos, según el objetivo de aprendizaje que persigan, pueden ser:

a) Colectivos e individuales.

b) Simbólicos o de reglas.

c) Motóricos, sensoriales o psicológicos.

d) De patio o de aula.

31. Los juegos naturales son aquellos que:

a) Se desarrollan en la naturaleza.

b) Se basan en movimientos que hace el niño normalmente.

c) Desarrollan mejor los sentidos.

d) Le permiten conocer el cuerpo humano.

Solución al test n.º 11

1. b) Flexibles y abiertas.

2. d) Todas las respuestas son correctas.

3. b) Intentará que los niños con NEE jueguen con todos los niños.

4. c) Son proyectos educativos de conocimiento del medio ambiente.

5. d) Todas las respuestas son correctas..

6. a) Fomentar la autonomía del alumno con necesidades educativas especiales hasta donde sea posible y le permita su discapacidad.

7. c) Tomar todos los alimentos que haya en el plato.

8. d) Todas las respuestas son correctas.

9. a) El niño pone el mismo empeño, concentración y atención jugando que un adulto trabajando.

10. b) Es mayor cuanto más pequeño es el niño.

11. d) Todas las respuestas son correctas.

12. c) Puede descubrir sensaciones nuevas que de otro modo el niño no tendría ocasión de experimentar.

13. a) El desarrollo cognitivo.

14. d) Las respuestas a), b) y c) son correctas.

15. a) Es principalmente espontáneo.

16. c) Empieza a mostrar interés por la manipulación de objetos.

17. d) Las respuestas b) y c) son correctas.

18. d) Lleva a cabo un juego en paralelo.

19. c) Aparece el juego simbólico.

20. b) La imitación sistemática y la exploración de lo nuevo.

21. d) Todas las respuestas son correctas.

22. b) Existe un perfecto ajuste a la edad e intereses del niño.

23. c) Los que mejor se adaptan a las características personales de cada niño concreto.

24. a) Es imprescindible que no contenga piezas pequeñas que puedan producir el ahogamiento del niño.

25. b) Que no cumpla con las medidas de seguridad que establece la Unión Europea.

26. d) La inflamabilidad.

27. a) Seguridad física, seguridad psíquica y libertad e independencia.

28. b) Deben situarse al alcance de los niños, para favorecer la libertad de elección y de acción.

29. b) Ponemos una etiqueta con un código sencillo en el lugar donde se guarda el material.

30. c) Motóricos, sensoriales o psicológicos.

31. b) Se basan en movimientos que hace el niño normalmente.

TEST N.º 12

Creación de hábitos para lograr los hábitos de alimentación, higiene y control de esfínteres. Técnicas para el manejo de apoyos instrumentales para la locomoción, alimentación e higiene

1. La Ley 39/2006, de 14 de diciembre, de Promoción de la Autonomía Personal y Atención a las personas en situación de dependencia considera como Actividad Básica de la Vida Diaria (ABVD):

a) El cuidado personal.
b) La movilidad esencial.
c) Ejecutar órdenes o tareas sencillas.
d) Todas las respuestas anteriores son correctas.

2. La capacidad de movimiento y acción tanto en habilidades propias de la vida cotidiana como específicas o aprendidas constituye la autonomía:

a) Física.
b) Social.
c) Afectiva.
d) Intelectual.

3. Una conducta que se realiza de forma continua sin que exista un control externo (premios o castigos) se denomina:

a) Habilidad.
b) Rutina.
c) Hábito.
d) Actitud.

4. Las capacidades físicas, cognitivas o motrices que la persona necesita para realizar una conducta con éxito se denominan:

a) Habilidades.
b) Rutinas.

c) Hábitos.

d) Actitudes.

5. La principal forma de adquisición de los hábitos es:

a) La imitación.

b) El desarrollo madurativo.

c) La descripción verbal de los pasos a seguir.

d) El refuerza combinado con el castigo cuando sea necesario.

6. Como consejo metodológico a la hora de desarrollar hábitos en el alumno debemos tener en cuenta:

a) Partir de la capacidad y habilidades que tiene el niño.

b) El modelado será más efectivo cuanto menor sea la conexión afectiva entre el niño y el adulto.

c) El adulto debe mostrarse autoritario para un mejor aprendizaje de hábitos.

d) Todas son correctas.

7. Una persona que requiere ayuda para realizar varias actividades básicas de la vida diaria dos o tres veces al día, pero no necesita la presencia permanente de un cuidador o tiene necesidades de apoyo extenso para su autonomía personal tiene un grado de dependencia:

a) Según los parámetros especificados en la legislación vigente no se considera dependencia.

b) Grado I. Dependencia moderada.

c) Grado II. Dependencia severa.

d) Grado III. Gran dependencia.

8. Uno de los aspectos a tener en cuenta en la realización y aplicación de un programa de habilidades de autonomía personal es:

a) El educador debe tener un conocimiento exacto de las habilidades y capacidades de cada alumno.

b) Debemos partir de las capacidades que tiene el alumno.

c) A la hora de programar las actividades y aprendizajes debe primar como objetivo principal conseguir la autonomía plena del niño o el grado más alto posible.

d) Todas las respuestas anteriores son correctas.

9. Para poder llevar a cabo un programa específico destinado a conseguir una mayor independencia, el cuidador:

a) Debe plantearse los objetivos partiendo de las capacidades que tiene el niño.

b) Fijará unos objetivos comunes según la edad cronológica del niño.

c) Debe realizar las tareas que el niño no sepa hacer. Es más rápido que ayudarlo.

d) Las respuestas b) y c) son correctas.

10. El proceso desarrollado durante la interacción en el que un aprendiente es guiado en su aprendizaje por su interlocutor, se denomina:

a) Orientación en comunicación verbal.

b) Seguimiento de las iniciativas del juego.

c) Andamiaje.

d) Juego cooperativo.

11. Para crear el hábito de vestirse, dejaremos para el último lugar las prendas que se cierran con:

a) Cremalleras.

b) Botones.

c) Velcro.

d) El orden es indiferente.

12. Una forma de que el niño con discapacidad tenga interés en el baño es mediante:

a) Música ambiental.

b) Castigo corporal.

c) Juegos en el agua.

d) Prácticas de buceo.

13. La actividad que más tardíamente se adquiere es la de:

a) Limpieza de dientes.

b) Limpieza de fosas nasales.

c) Limpieza de uñas.

d) Baño.

14. Para el aprendizaje del uso de los cubiertos (cuchara, tenedor):

a) Usaremos alimentos líquidos.

b) Los padres y los cuidadores son los encargados.

c) Se comenzará con alimentos sólidos.

d) Las respuestas b) y c) son correctas.

15. Para iniciar al niño en el uso del cuchillo, el cuidador:

a) Se colocará por delante del niño.

b) Se coloca detrás del niño, y le coge las manos, indicándole verbalmente lo que tiene que ir haciendo. Después le cogerá por las muñecas y, finalmente, por los codos.

c) Pondrá al niño lo más cómodo posible, en general recostado.

d) Deberá usar refuerzos negativos.

16. En la creación de hábitos para vestirse debemos tener en cuenta que:

a) Iremos de lo más fácil a lo más difícil.
b) La ropa debe abrirse por la parte trasera.
c) Es preferible usar calzado muy ajustado para que no se salga al andar.
d) Todas son correctas.

17. Para favorecer la autonomía en los hábitos de vestirse es conveniente que:

a) Las niñas no utilicen vestidos.
b) Los vestidos se abran por la parte delantera.
c) Los vestidos se abran por la parte trasera.
d) Los vestidos se cierren con botones.

18. Entre otras tareas, el CEAPAT (el Centro Estatal de Referencia de Autonomía Personal y Accesibilidad Tecnológica), se encarga de:

a) Potenciar la accesibilidad integral evitando barreras y difundiendo diseños para todos, con el fin de lograr una plena participación social.
b) Fomentar y difundir el acceso a la comunicación y a la información para promover la vida autónoma.
c) Impulsar la investigación, desarrollo, innovación y utilización de ayudas técnicas.
d) Todas las respuestas son correctas.

19. ¿Qué norma se utiliza para clasificar los productos de apoyo y utilizar una terminología internacionalmente reconocida?

a) DSM-5.
b) CIE-10.
c) UNE-EN ISO 9999.
d) ISO-9000.

20. Los productos de apoyo que disminuyen el potencial agresivo y evolutivo de una enfermedad y previenen deformidades, se denominan:

a) Preventivos.
b) Facilitadores.
c) Compensadores.
d) Primarios.

21. De los apoyos instrumentales para la locomoción, el más usado es:

a) Sillas de ruedas.
b) Gafas.
c) Prótesis dentarias.
d) Mesa plegable, adaptada.

22. Un posicionador es:

a) Una ayuda técnica para la sedestación.
b) Una ayuda técnica para desplazamientos y transferencias.
c) Una ayuda técnica para la bipedestación.
d) Una ayuda técnica para el desarrollo de la marcha.

23. Cuando se habla de apoyos instrumentales para la alimentación, nos referimos a:

a) Adaptación realizada en mesas y cubiertos para favorecer la autonomía personal en la alimentación.
b) Cuando es necesario que los niños coman en la silla de ruedas.
c) Cuando es preciso cambiar el tipo de comidas.
d) Las mesas que tienen paralelas de apoyo.

24. Las muletas de Lofstrand son:

a) Muletas para antebrazo.
b) Muletas de plataforma.
c) Muletas axilares.
d) Muletas tipo trípode.

25. Las grúas de traslado o elevadoras sirven fundamentalmente para:

a) Trasladar a las personas totalmente dependientes de la cama a la silla de ruedas y al baño y viceversa.
b) Trasladar a las personas totalmente dependientes por la ciudad.
c) Trasladar a las personas totalmente dependientes desde un piso inferior al superior, o viceversa.
d) Salvar desniveles (tipo escalón) cuando desplazamos a una persona dependiente en silla de ruedas.

26. ¿A qué edad el niño es capaz de avisar sobre su deseo de orinar dando ya tiempo a llevarlo al baño?

a) Entre los 15 y los 18 meses.
b) Entre los 18 y los 24 meses.
c) Entre el segundo y tercer año de vida.
d) A partir del tercer año.

27. El trastorno que consiste en la pérdida involuntaria de orina, en ausencia de un problema orgánico, más allá de la edad en que se consigue el control vesical se denomina:

a) Encopresis.
b) Enuresis.

c) Incontinencia.

d) Micción involuntaria.

28. El tratamiento pasivo de la enuresis consiste en:

a) La administración de una medicación apropiada que permita, entre otras repuestas, la dilatación de la vejiga.

b) La práctica de una serie de técnicas orientadas a desarrollar el control vesical.

c) El uso de pequeños dispositivos de alarma que se activan al contacto con la humedad, despertando al niño y deteniendo la micción.

d) Esperar lo suficiente sin intervenir hasta que la irregularidad se normalice. Esto debe ocurrir siempre antes de la adolescencia.

29. La etiología de la encopresis está relacionada con:

a) Problemas disociales.

b) El estreñimiento del niño.

c) Una enseñanza no adecuada del control de esfínteres.

d) Todas las respuestas son correctas.

30. Uno de los criterios según la OMS para considerar que un niño tiene encopresis es:

a) Debe haber superado los 3 años de edad o un nivel de desarrollo equivalente.

b) La incontinencia no debe ser únicamente consecuencia del efecto ocasionado por la ingestión de ciertas sustancias (laxantes) o por la presencia de una enfermedad médica.

c) El problema debe suceder como mínimo una vez a la semana durante un periodo continuado de seis meses.

d) Todas son correctas.

Solución al test n.º 12

1. d) Todas las respuestas anteriores son correctas.

2. a) Física.

3. c) Hábito.

4. a) Habilidades.

5. a) La imitación.

6. a) Partir de la capacidad y habilidades que tiene el niño.

7. c) Grado II. Dependencia severa.

8. d) Todas las respuestas anteriores son correctas.

9. a) Debe plantearse los objetivos partiendo de las capacidades que tiene el niño.

10. c) Andamiaje.

11. b) Botones.

12. c) Juegos en el agua.

13. c) Limpieza de uñas.

14. d) Las respuestas b) y c) son correctas.

15. b) Se coloca detrás del niño, y le coge las manos, indicándole verbalmente lo que tiene que ir haciendo. Después le cogerá por las muñecas y, finalmente, por los codos.

16. a) Iremos de lo más fácil a lo más difícil.

17. b) Los vestidos se abran por la parte delantera.

18. d) Todas las respuestas son correctas.

19. c) UNE-EN ISO 9999.

20. a) Preventivos.

21. a) Sillas de ruedas.

22. a) Una ayuda técnica para la sedestación.

23. a) Adaptación realizada en mesas y cubiertos para favorecer la autonomía personal en la alimentación.

24. a) Muletas para antebrazo.

25. a) Trasladar a las personas totalmente dependientes de la cama a la silla de ruedas y al baño y viceversa.

26. b) Entre los 18 y los 24 meses.

27. b) Enuresis.

28. d) Esperar lo suficiente sin intervenir hasta que la irregularidad se normalice. Esto debe ocurrir siempre antes de la adolescencia.

29. d) Todas las respuestas son correctas.

30. b) La incontinencia no debe ser únicamente consecuencia del efecto ocasionado por la ingestión de ciertas sustancias (laxantes) o por la presencia de una enfermedad médica.

TEST N.º 13

El personal cuidador en el desarrollo de capacidades tecnológicas de personas con discapacidad. Programas y procesos de entrenamiento en estrategias cognitivas básicas y alfabetización tecnológica: organización, realización y aplicación. Aplicación de los programas de entrenamiento. Aplicaciones de las nuevas tecnologías

1. Para que un equipo interdisciplinar pueda ser eficiente debe cumplir con determinadas características, entre ellas:

a) Complementariedad. Los diferentes miembros deben dominar todas las parcelas del proyecto que aspiran a realizar.
b) Valoración. La labor que cada miembro del grupo desempeñe, debe ser reconocida y valorada por el resto, y al mismo tiempo ser satisfactoria para él mismo.
c) Comunicación. El trabajo en equipo exige una comunicación abierta entre todos sus miembros, esencial para poder coordinar las distintas actuaciones individuales.
d) Todas las respuestas son correctas.

2. Dentro del equipo interdisciplinar, el profesional que se dedica a desarrollar actividades para la prevención, evaluación y tratamiento en trastornos de la comunicación, el lenguaje, el habla, la audición, la voz, la deglución y las funciones orales no verbales, es el:

a) Fisioterapeuta.
b) Trabajador social.
c) Terapeuta ocupacional.
d) Logopeda.

3. El proceso cognitivo que nos permite orientarnos hacia los estímulos relevantes y procesarlos para responder en consecuencia se denomina:

a) Percepción.
b) Atención.
c) Razonamiento.
d) Praxia.

4. El proceso mediante el cual recibimos, interpretamos y comprendemos las señales que provienen desde el exterior, codificándolas a partir de la actividad sensitiva se denomina:

a) Percepción.
b) Atención.
c) Razonamiento.
d) Praxia.

5. Los movimientos organizados que realizamos para llevar a cabo un plan o alcanzar un objetivo se denominan:

a) Percepción.
b) Atención.
c) Razonamiento.
d) Praxia.

6. Actividades que se desarrollan con la finalidad de que la persona que ya ha perdido determinadas capacidades, pueda recuperarlas:

a) Estimulación cognitiva.
b) Mantenimiento cognitivo.
c) Rehabilitación cognitiva.
d) Psicoanálisis.

7. ¿Qué autor desarrolló el programa de enriquecimiento instrumental (PEI)?

a) Piaget.
b) Feuerstein.
c) Sternberg.
d) Adams.

8. Entre los supuestos teóricos en que se basa el Programa de Enriquecimiento Instrumental (PEI), no figura:

a) La Teoría Cognitiva de Haywood.
b) La Teoría del desarrollo cognitivo de Piaget.
c) La Teoría triárquica de Sternberg.
d) La Teoría constructivista de Pascual-Leone.

9. El PEI está formado por más de 500 páginas actividades, tareas y de problemas cuya resolución requiere el uso de procesos, habilidades y estrategias de tipo cognitivo y metacognitivo. Estas tareas están agrupadas en 15 cuadernos que se denominan instrumentos o herramientas, entre ellos no figura:

a) Organización de puntos.
b) Orientación espacial.

c) Progresiones numéricas.
d) Memoria episódica.

10. El Programa de Enriquecimiento Instrumental (PEI) está diseñado para ser utilizado a partir de los:

a) 8 años hasta la edad adulta, en todos los casos.
b) 10 años hasta la edad adulta, en todos los casos.
c) 10 años hasta la edad adulta, en el caso de personas con discapacidad intelectual; y desde los 8 años en adelante, en personas sin discapacidad.
d) 8 años hasta la edad adulta, en el caso de personas con discapacidad intelectual; y desde los 10 años en adelante, en personas sin discapacidad.

11. La población destinataria del Programa Flash de refuerzo del desarrollo cognitivo es:

a) Alumnos de edades comprendidas entre los 3 y 6 años.
b) Alumnos de edades comprendidas entre los 3 y 8 años.
c) Alumnos de edades comprendidas entre los 3 y 12 años.
d) Alumnos de edades comprendidas entre los 3 y 18 años.

12. El contenido del programa Flash se basa en tres unidades básicas que giran en torno a tres grandes e importantes procesos de pensamiento. Señala el incorrecto:

a) Conocer.
b) Percibir.
c) Memorizar.
d) Organizar.

13. Según Robert J. Sternberg, así llamamos a la capacidad de comprender el entorno y utilizar ese conocimiento para determinar la mejor manera de conseguir unos objetivos concretos:

a) Inteligencia analítica.
b) Inteligencia creativa.
c) Inteligencia práctica.
d) Inteligencia natural.

14. Diseñó el programa de Inteligencia Práctica Académica para enseñar a los alumnos de 10 a 14 años la utilidad que tiene saber manejar todos los mecanismos y los componentes de la inteligencia práctica en la escuela:

a) Piaget.
b) Feuerstein.
c) Sternberg.
d) Adams.

15. El Proyecto Inteligencia Harvard tiene como objetivo general desarrollar habilidades cognitivas que sean útiles en sí mismas y que faciliten la adquisición de otras habilidades y conocimientos, generalizables a situaciones y contextos de la vida personal, social y laboral. Una de sus características es:

a) Escasamente motivador.
b) No transferible a las áreas curriculares ordinarias.
c) Integrable dentro del horario currículo escolar.
d) Todas son correctas.

16. La metodología utilizada en el Proyecto Inteligencia Harvard se basa en los siguientes aspectos, excepto:

a) Entrenamiento de la inteligencia a través de los distintos caminos, dando un equilibrio entre pensamiento divergente, sintético e inductivo y el pensamiento convergente, analítico y deductivo.
b) Papel pasivo del alumnado.
c) Exploración de ideas, conceptos y descubrimientos de principios y relaciones.
d) Generalización de las habilidades de entrenamiento en diferentes áreas y por largo plazo, diferentes contextos con el fin de mejorar el rendimiento escolar del alumno.

17. La Serie I: fundamentos del razonamiento del Proyecto Inteligencia Harvard se compone de las siguientes unidades excepto:

a) Observación y clasificación.
b) Clasificación jerárquica.
c) Razonamiento espacial.
d) Argumentos.

18. ¿Cuál de las siguientes series no pertenece al Proyecto Inteligencia Harvard?

a) Comprensión del lenguaje.
b) Pensamiento divergente.
c) Resolución de problemas.
d) Toma de decisiones.

19. La técnica que se utiliza para la estimulación y mantenimiento cognitivo que consiste en eliminar todos los estímulos que son discriminativos para la emisión de diversas conductas que se esperan eliminar, o acomodar el ambiente de forma que se estimulen ciertas conductas, se denomina:

a) Incitación.
b) Modelado.
c) Ensayo de conducta.
d) Desarrollo del control estimular.

20. Entre las actividades para la mejora de la atención podemos citar:

a) Realización de puzles.
b) Buscar diferencias entre dos imágenes.
c) Realizar sopas de letras.
d) Todas son correctas.

21. ¿Cuál de las siguientes actividades es más apropiada para para el mantenimiento y mejora del lenguaje?

a) Realizar sopas de letras.
b) Realización de puzles.
c) Realizar crucigramas.
d) Componer ritmos.

22. ¿En qué eje del Plan Avanza 2 se hace referencia específica al colectivo de personas con discapacidad?

a) Eje I: Desarrollo del sector TIC.
b) Eje II: Capacitación TIC.
c) Eje III: Servicios Públicos Digitales.
d) Eje IV: Infraestructura.

23. El Plan DigiTalent 2030: Camina en Digital canalizará su intervención a través de tres ejes estratégicos. Señala el incorrecto:

a) Cerrar la brecha digital.
b) Seguridad y protección de datos personales.
c) Competencias digitales para los profesionales.
d) Impulso de las vocaciones y el talento digital.

24. Uno de los objetivos de los programas de alfabetización tecnológica es:

a) Aprender a utilizar las tecnologías.
b) Favorecer la inclusión social y laboral.
c) Diversificar las formas de interacción y participación social.
d) Todas son correctas.

25. Se define como la habilidad para interactuar de forma significativa con herramientas que expanden las capacidades mentales:

a) Navegación transmediática.
b) Multitarea.
c) Pensamiento distribuido.
d) Inteligencia colectiva.

26. Es la habilidad para seguir el flujo de las historias y la información a través de diferentes medios:

a) Navegación transmediática.
b) Multitarea.
c) Pensamiento distribuido.
d) Inteligencia colectiva.

27. No es uno de los 7 Principios del Diseño Universal:

a) Equidad de uso.
b) Simple e intuitivo.
c) Intolerancia al error.
d) Bajo esfuerzo físico.

28. Este tipo de pensamiento permite extraer conclusiones válidas a partir de un conjunto de premisas determinadas:

a) Pensamiento crítico.
b) Pensamiento lógico.
c) Pensamiento creativo.
d) Pensamiento analítico.

29. Entre las actividades que se citan a continuación la más apropiada para ejercitar la memoria es:

a) Juegos de memoria de buscar parejas.
b) Repetir series de números y palabras.
c) Aprender cuentos, poesías, trabalenguas, etc.
d) Todas son correctas.

30. Existen tres métodos diferentes para el aprendizaje de la lectura. ¿En cuál de ellos se parte del conocimiento de las letras o fonemas, para después llegar a las palabras?

a) Método sintético.
b) Método analítico.
c) Métodos eclécticos.
d) En todos los métodos se utiliza esa estrategia.

Solución al test n.º 13

1. d) Todas las respuestas son correctas.

2. d) Logopeda.

3. b) Atención.

4. a) Percepción.

5. d) Praxia.

6. c) Rehabilitación cognitiva.

7. b) Feuerstein.

8. b) La Teoría del desarrollo cognitivo de Piaget.

9. d) Memoria episódica.

10. c) 10 años hasta la edad adulta, en el caso de personas con discapacidad intelectual; y desde los 8 años en adelante, en personas sin discapacidad.

11. b) Alumnos de edades comprendidas entre los 3 y 8 años.

12. c) Memorizar.

13. c) Inteligencia práctica.

14. c) Sternberg.

15. c) Integrable dentro del horario currículo escolar.

16. b) Papel pasivo del alumnado.

17. d) Argumentos.

18. b) Pensamiento divergente.

19. d) Desarrollo del control estimular.

20. d) Todas son correctas.

21. c) Realizar crucigramas.

22. b) Eje II: Capacitación TIC.

23. b) Seguridad y protección de datos personales.

24. d) Todas son correctas.

25. c) Pensamiento distribuido.

26. a) Navegación transmediática.

27. c) Intolerancia al error.

28. b) Pensamiento lógico.

29. d) Todas son correctas.

30. a) Método sintético.

TEST N.º 14

El personal cuidador como medio para la consecución de la independencia en la locomoción, alimentación e higiene. Evolución social. La importancia del trabajo en equipo

1. El instrumento que nos permite llevar a la práctica la filosofía de Vida Independiente son:

a) Los Servicios Sociales.
b) Los centros psiquiátricos.
c) Los Centros de Vida Independiente.
d) Los centros de internamiento para personas con alto grado de discapacidad.

2. La primera persona en aplicar a su propia vida la filosofía del MVI, y, por tanto, se considera padre del movimiento de Vida Independiente fue:

a) Berkeley.
b) Roberts.
c) Switzer.
d) Lauri.

3. Gini Lauri contribuyó a establecer los primeros programas de asistencia en el hogar. Con estos programas demostró que:

a) Las personas con discapacidad podían ser atendidas en sus hogares con un coste menor que la atención del mismo paciente en un hospital.
b) Aunque el coste económico era mucho mayor, las personas mejoraban más rápidamente.
c) Las personas con discapacidad no requieren ningún tipo de asistencia.
d) Las respuestas a) y c) son correctas.

4. Con la fundación de Alcohólicos Anónimos en 1950 surge uno de los movimientos que influye en el MVI. Nos referimos a:

a) El Movimiento de Derechos Civiles.
b) Desinstitucionalización.

c) El movimiento de Autoayuda.

d) Consumerismo.

5. Según la definición de vida independiente que da Ratzca, las personas con discapacidad que creen en esta filosofía de vida, luchan para:

a) Hacerlo todo ellas solas.

b) Vivir aisladas.

c) Tener la posibilidad de realizar las mismas elecciones en la vida cotidiana que el resto de las personas que no tienen discapacidad.

d) Todas las respuestas son correctas.

6. La facultad y derecho que tiene la persona con discapacidad para decidir libremente y sin coacción sus propios asuntos, se conoce como:

a) Libertad.

b) Autocontrol.

c) Autodeterminación.

d) Automatismo.

7. La filosofía de Vida Independiente parte del hecho de que las personas con discapacidad solo pueden lograr una buena calidad de vida:

a) Si logran la curación total de sus deficiencias.

b) Si tienen la posibilidad de llevar el control de sus propias vidas, pudiendo vivir plenamente integrados en la sociedad, con los mismos derechos y deberes que el resto de conciudadanos.

c) Si viven institucionalizados, con la atención constante de personal especializado.

d) Si viven bajo la protección constante de la familia.

8. Entre los objetivos del MVI podemos citar:

a) El cambio en la mentalidad de toda la sociedad en su conjunto para que comprendan, apoyen y faciliten las reivindicaciones que se hacen desde el MVI.

b) Lograr que las personas con discapacidad adquieran la responsabilidad y el orgullo de desarrollar una vida independiente y autodeterminada.

c) La institucionalización de todas las personas con discapacidad en centros especiales.

d) Las respuestas a) y b) son correctas.

9. Una Oficina de Vida Independiente:

a) Es una organización de carácter residencial.

b) Es una organización no lucrativa.

c) Es una organización ideada y gestionada en su integridad por los servicios sociales comunitarios.

d) Todas las respuestas son correctas.

10. Los servicios que se ofrecen en los CVI:

a) Están financiados por el sector público.
b) Están financiados por el sector privado.
c) Pueden estar financiados tanto por el sector público como por el sector privado.
d) Están financiados por los propios usuarios.

11. Una OVI ofrece ayuda a otras personas con discapacidad fundamentalmente a través de:

a) La orientación.
b) El asesoramiento.
c) La ayuda entre iguales.
d) Todas las respuestas son correctas.

12. El objetivo fundamental de una OVI es:

a) Ayudar a las personas con discapacidad a buscar un empleo estable.
b) Ayudar a las familias de las personas con discapacidad para que puedan sobrellevar su carga.
c) Ayudar a las personas con discapacidad en la compra de viviendas adaptadas.
d) Ayudar a las personas con discapacidad para que sean capaces de vivir de forma independiente, tomando el control de sus vidas.

13. Uno de los recursos que se ofrecen en las OVI consiste en poner al servicio de otros usuarios la experiencia propia, pero siempre tratando de buscar soluciones individuales que se adapten a las necesidades de cada uno. Este servicio se conoce como:

a) Apoyo mediante ayuda de igual a igual.
b) Asesoramiento.
c) Servicio de consejos.
d) Servicios profesionales de apoyo.

14. El servicio de TTY es uno de los recursos que en las OVI se ponen a disposición de:

a) Las personas con discapacidad intelectual.
b) Las personas con discapacidad visual.
c) Las personas con discapacidad auditiva.
d) Las personas con discapacidad física.

15. El paradigma de la rehabilitación sitúa el problema de la discapacidad:

a) En el propio individuo con discapacidad.
b) En el entorno físico y en los procesos de rehabilitación.
c) En los profesionales que atienden a la persona con discapacidad.
d) En la familia de la persona con discapacidad.

16. Señala cuál de las siguientes características definen a un equipo de trabajo:

a) No existe un objetivo común, cada componente tiene sus propios objetivos.
b) Cada uno de sus componentes responde de forma individual por el trabajo que realiza.
c) Es necesaria la coordinación entre sus miembros.
d) Todas las respuestas son correctas.

17. El trabajo en equipo se caracteriza porque:

a) Aumenta la carga de trabajo.
b) Mejora la calidad de los resultados. Con una mayor satisfacción percibida por el usuario y su familia.
c) No permite la optimización de recursos materiales y humanos.
d) Disminuye la motivación de los profesionales.

18. Para que un equipo pueda ser eficiente es necesario:

a) Los diferentes miembros deben dominar todas las parcelas del proyecto que aspiran a realizar.
b) El grupo de profesionales, con un responsable bien definido a la cabeza, debe actuar de forma organizada con vista a sacar el proyecto adelante.
c) Cada miembro asume voluntariamente el compromiso de aportar lo mejor de sí mismo, para conseguir los objetivos del grupo y de la organización en general.
d) Todas las respuestas son correctas.

19. Para que un equipo de trabajo funcione bien:

a) Debe estar integrado por un mínimo de 15 participantes.
b) Es preferible un bajo perfil jerárquico, que facilite y estimule la expresión de todos los puntos de vista.
c) Los equipos más eficaces son aquellos que no necesitan realizar su propia autocrítica.
d) Todas las respuestas son correctas.

20. Uno de los factores que facilita el desarrollo de un equipo es:

a) Que no existan objetivos ni reglas establecidas para dar paso a un trabajo más creativo.
b) Es conveniente mantener una participación equilibrada de todos los miembros.
c) Que no existan roles, sino que todos los integrantes del equipo sean capaces de hacer de todo.
d) Todas las respuestas son correctas.

21. La puesta en marcha de un equipo de trabajo es un proceso complejo que pasa por diferentes etapas, ¿en cuál de ellas el equipo entra en una fase muy productiva?

a) Inicio.
b) Acoplamiento.

c) Madurez.
d) Agotamiento.

22. Una de las dificultades del trabajo en equipos multidisciplinares es:

a) La dilución de responsabilidades.
b) La lentitud en la respuesta.
c) La diferente consideración de los miembros del equipo.
d) Todas las respuestas son correctas.

23. Los equipos de trabajo más eficientes son aquellos en los que:

a) Predomina el individualismo.
b) Existe una gran cohesión entre sus miembros.
c) No se considera a todos los miembros del equipo por igual.
d) Ninguno de los factores anteriores afecta a la eficacia del trabajo en equipo.

24. ¿Cuál de los siguientes roles dentro de un equipo se considera disfuncional?

a) El iniciador.
b) El activador.
c) El crítico.
d) El intelectual.

25. ¿Cuál de los siguientes roles dentro de un equipo se considera funcional?

a) El intelectual.
b) El crítico.
c) El negativo.
d) El pícaro.

26. ¿Cuál de los siguientes roles tiene como principal característica el dinamismo y es la persona idónea para impulsar proyectos que estén funcionando con poca fuerza?

a) El iniciador.
b) El activador.
c) El crítico.
d) El intelectual.

27. Los comportamientos, dentro del grupo, que contribuyen a que el grupo continúe unido mediante la creación de una atmósfera agradable para los miembros, se conocen como:

a) Los roles disfuncionales.
b) Los roles funcionales de producción.

c) Los roles funcionales de mantenimiento.
d) Los roles distractores.

28. Una de las características que debe tener un buen líder es:

a) Decisión, iniciativa y responsabilidad.
b) Integridad moral y aptitud para el trato.
c) Sentido práctico y capacidad organizativa.
d) Todas las respuestas son correctas.

29. El ejercicio de liderazgo, para que un equipo funcione requiere:

a) La adecuación del líder con el grupo.
b) Reprender más que elogiar.
c) Tomar las decisiones de forma individual sin buscar la participación del grupo.
d) Todas las respuestas son correctas.

30. Un líder en un equipo de trabajo debe emplear las habilidades necesarias para que se dé, entre otras condiciones, la siguiente:

a) Compromiso de los miembros con los objetivos del equipo.
b) Comunicación abierta, precisa y eficaz de ideas y sentimientos.
c) Distribución de la participación.
d) Todas las respuestas son correctas.

31. El trabajo interdisciplinar en una Institución Social se debe basar en la globalidad, esto quiere decir:

a) Cada miembro del equipo debe implicarse en todos los aspectos de la vida del usuario en la institución.
b) Se debe valorar a la persona desde todos los aspectos de su vida, ya que sus necesidades y demandas son múltiples, diversas y relacionadas internamente entre sí.
c) Se establecen programas de atención globales, idénticos para todos los usuarios.
d) Las responsabilidades individuales se diluyen en las responsabilidades del equipo tomado como globalidad.

32. Dentro del equipo interdisciplinar en los centros de atención sociosanitaria, el Médico-Médico Especialista (Geriatra, Rehabilitador u otros), se encarga de:

a) Programa y supervisa los menús y dietas alimentarias de los usuarios e informa a los familiares sobre su estado de salud.
b) Atiende las necesidades asistenciales sanitarias de los residentes.
c) Supervisa el estado sanitario de las dependencias del centro y el trabajo del personal sanitario del mismo.
d) Todas las respuestas son correctas.

33. Dentro del equipo interdisciplinar en los centros de atención sociosanitaria, el encargado de preparar y administrar los medicamentos prescritos en los tratamientos por los médicos es:

a) El fisioterapeuta.
b) El enfermero.
c) El terapeuta ocupacional.
d) El trabajador social.

34. Dentro del equipo interdisciplinar en los centros de atención sociosanitaria, su función principal es la de asistir y cuidar a los usuarios en las actividades de la vida diaria que no puedan realizar por sí mismos, efectuando aquellos trabajos encaminados a su atención y la de su entorno. Hablamos de:

a) El terapeuta ocupacional.
b) El trabajador social.
c) El cuidador.
d) Técnico en actividades socioculturales.

35. Dentro del equipo interdisciplinar en los centros de atención sociosanitaria, una de las funciones del técnico en actividades socioculturales es:

a) Efectúa la valoración de la situación personal, familiar y social de las personas usuarias y realiza los informes sociales correspondientes.
b) Participa desarrollando servicios propios ofrecidos en el plan general de actividades del propio centro, como actividades auxiliares de psicomotricidad, lenguaje, dinámicas o actividades de grupo y rehabilitación personal y social de las personas en la institución social.
c) Participa en el plan general de actividades y presupuestos del centro, buscando fuentes de información y procedimientos para obtener los recursos necesarios con que poner en marcha las actividades culturales.
d) Todas las respuestas son correctas.

Solución al test n.º 14

1. c) Los Centros de Vida Independiente.

2. b) Roberts.

3. a) Las personas con discapacidad podían ser atendidas en sus hogares con un coste menor que la atención del mismo paciente en un hospital.

4. c) El movimiento de Autoayuda.

5. c) Tener la posibilidad de realizar las mismas elecciones en la vida cotidiana que el resto de las personas que no tienen discapacidad.

6. c) Autodeterminación.

7. b) Si tienen la posibilidad de llevar el control de sus propias vidas, pudiendo vivir plenamente integrados en la sociedad, con los mismos derechos y deberes que el resto de conciudadanos.

8. d) Las respuestas a) y b) son correctas.

9. b) Es una organización no lucrativa.

10. c) Pueden estar financiados tanto por el sector público como por el sector privado.

11. d) Todas las respuestas son correctas.

12. d) Ayudar a las personas con discapacidad para que sean capaces de vivir de forma independiente, tomando el control de sus vidas.

13. a) Apoyo mediante ayuda de igual a igual.

14. c) Las personas con discapacidad auditiva.

15. a) En el propio individuo con discapacidad.

16. c) Es necesaria la coordinación entre sus miembros.

17. b) Mejora la calidad de los resultados. Con una mayor satisfacción percibida por el usuario y su familia.

18. d) Todas las respuestas son correctas.

19. b) Es preferible un bajo perfil jerárquico, que facilite y estimule la expresión de todos los puntos de vista.

20. b) Es conveniente mantener una participación equilibrada de todos los miembros.

21. c) Madurez.

22. d) Todas las respuestas son correctas.

23. b) Existe una gran cohesión entre sus miembros.

24. c) El crítico.

25. a) El intelectual.

26. b) El activador.

27. c) Los roles funcionales de mantenimiento.

28. d) Todas las respuestas son correctas.

29. a) La adecuación del líder con el grupo.

30. d) Todas las respuestas son correctas.

31. b) Se debe valorar a la persona desde todos los aspectos de su vida, ya que sus necesidades y demandas son múltiples, diversas y relacionadas internamente entre sí.

32. d) Todas las respuestas son correctas.

33. b) El enfermero.

34. c) El cuidador.

35. c) Participa en el plan general de actividades y presupuestos del centro, buscando fuentes de información y procedimientos para obtener los recursos necesarios con que poner en marcha las actividades culturales.

TEST N.º 15

Los recursos sociales y comunitarios para las personas con discapacidad; enfoque y modelos de intervención. Detección y selección de recursos. Cooperación y coordinación interdisciplinar

1. ¿De qué concepto parte la intervención socioeducativa y comunitaria para personas con discapacidad?

a) Inclusión.
b) Igualdad.
c) Individualización.
d) Ninguna es correcta.

2. ¿A qué nos referimos cuando hablamos del conjunto de medidas y acciones que tienen como finalidad adecuar la respuesta educativa a las diferentes características y necesidades, ritmos y estilos de aprendizaje, motivaciones, intereses y situaciones sociales y culturales de todo el alumnado?

a) Educación especial.
b) Atención a la diversidad.
c) Recursos educativos.
d) Intervención socioeducativa.

3. La escolarización del alumnado con necesidades educativas especiales se realiza de forma preferente en:

a) Centros de educación especial.
b) Centros ordinarios.
c) Aulas de educación especial.
d) No se pueden escolarizar según la legislación.

4. Son las medidas de atención a la diversidad que pueden requerir modificaciones significativas del currículo ordinario y/o suponer cambios esenciales en el ámbito organizativo, así como, en su caso, en los elementos de acceso al currículo o en la modalidad de escolarización.

a) Medidas ordinarias de atención a la diversidad.
b) Medidas extraordinarias de atención a la diversidad.

c) Medidas curriculares de atención a la diversidad.

d) Todas las medidas de atención a la diversidad deben cumplir dichos requisitos.

5. ¿En qué etapa o etapas educativas se pueden realizar adaptaciones del currículo?

a) Educación primaria.

b) Educación infantil y educación primaria.

c) Educación primaria y educación secundaria obligatoria.

d) En todas las etapas educativas.

6. Las adaptaciones curriculares significativas:

a) Modifican elementos como actividades, temporalización, modificación de instrumentos de evaluación y metodología.

b) Eliminan contenidos esenciales o nucleares y objetivos básicos que se consideran elementales para las diferentes áreas curriculares.

c) No se pueden señalar que sean adaptaciones curriculares individualizadas propiamente dichas, ya que únicamente se adaptan los recursos materiales y personales para acceder al curriculum.

d) Todas son correctas.

7. La planificación centrada en la persona se caracteriza porque:

a) Es un proceso individual, en el que solo interviene el profesional que desarrolla la relación de ayuda.

b) Se fundamenta en una relación de poder. El profesional decide lo que es mejor para la persona basándose en sus características y deseos.

c) Es un proceso continuo de escucha y de aprendizaje orientado a conocer lo que es importante para la persona.

d) Todas son correctas.

8. Uno de los fundamentos básicos de la planificación centrada en la persona es:

a) El rol del profesional es el de "experto" en apoyo, por lo que es el encar-gado del proceso de planificación.

b) El plan parte de las limitaciones de las personas para desarrollar los apoyos necesarios.

c) Se pretende encajar a la persona con discapacidad en los recursos y ser-vicios existentes.

d) El plan tiene carácter dinámico y se basa en un proceso de escucha y aprendizajes continuos.

9. ¿A quién se le atribuye el origen del modelo de atención centrada en la persona?

a) Carls Rogers.

b) Ander-Egg.

c) Gordon Hamilton.

d) Richmond.

10. El sistema gallego de servicios sociales se estructura en forma de red, conforme a dos niveles de actuación. ¿Cuáles son?

a) Servicios sociales comunitarios y Servicios sociales especializados.
b) Servicios sociales comunitarios básicos y Servicios sociales comunitarios específicos.
c) Servicios sociales básicos y Servicios sociales especializados.
d) Servicios sociales específicos y Servicios sociales especializados.

11. Una de las funciones de los servicios sociales comunitarios básicos es:

a) Programas y actividades para prevenir la exclusión de grupos vulnerables de características homogéneas y facilitar su inserción y normalización social.
b) La atención directa a colectivos con déficits de autonomía o en riesgo de exclusión que se desarrolle a través de programas en medio abierto, en centros de carácter no residencial o de carácter residencial temporal.
c) El estudio y diagnóstico social de la comunidad, que implica la detección y análisis de necesidades y demandas, explícitas e implícitas, en su ámbito de intervención.
d) La gestión de equipamientos comunitarios para sectores de población con necesidades específicas que posibiliten en su ámbito el logro de los objetivos recogidos.

12. Uno de los servicios de promoción de la autonomía personal es:

a) Atención temprana.
b) Promoción, mantenimiento y recuperación de la autonomía funcional.
c) Habilitación psicosocial para personas con enfermedad mental o discapacidad intelectual.
d) Todas son correctas.

13. El servicio de teleasistencia:

a) Es compatible con todos los servicios.
b) Consiste en un dispositivo especial conectado a la línea telefónica que permite contactar de forma inmediata con el servicio a través de un pulsador (tipo colgante o pulsera) desde cualquier lugar del domicilio.
c) Es un servicio que se ofrece 24 horas al día, de lunes a viernes, no festivos.
d) Todas son correctas.

14. El servicio de ayuda a domicilio:

a) Es incompatible con el Servicio de Teleasistencia, con el Servicio de Centro de Día y con la Prestación económica vinculada a este.
b) Incluye servicios relacionados con la atención personal en la realización de las actividades de la vida diaria, pero se excluyen los servicios relacionados con la atención de las necesidades domésticas o del hogar: limpieza, lavado, cocina u otros.

c) La intensidad del servicio de Ayuda a Domicilio estará en función del Programa Individual de Atención y se determinará en número de horas mensuales de servicios asistenciales, mediante intervalos según el grado de dependencia.

d) Todas son correctas.

15. Señala la afirmación correcta sobre el servicio de atención residencial, según de la Ley 39/2006, de 14 de diciembre:

a) El servicio de atención residencial ofrece, desde un enfoque biopsicosocial, servicios continuados de carácter personal y sanitario.

b) La prestación de este servicio puede tener carácter permanente, cuando el centro residencial se convierta en la residencia habitual de la persona, o temporal, cuando se atiendan estancias temporales de convalecencia o durante vacaciones, fines de semana y enfermedades o periodos de descanso de los cuidadores no profesionales.

c) El servicio de atención residencial será prestado por las Administraciones Públicas en centros propios y concertados.

d) Todas son correctas.

16. Según el Decreto 149/2013, de 5 de septiembre, por el que se define la cartera de servicios sociales para la promoción de la autonomía personal y la atención a las personas en situación de dependencia, los servicios de atención diurna, con modalidad básica y terapéutica, forma parte de:

a) La cartera de servicios comunes.

b) La cartera de servicios específicos.

c) La cartera de servicios asistenciales.

d) La cartera del servicio de asistente personal.

17. La estructura de cierta complejidad y heterogénea formada por entidades no lucrativas que suelen definirse por exclusión de los otros dos Sectores, se denomina:

a) Sector Público.

b) Tercer Sector.

c) Sector Privado.

d) Sector no gubernamental.

18. ¿Cuáles de estos no identificamos como un elemento característico del Tercer Sector?

a) Organización Formal.

b) Público.

c) Dotada de Autogobierno.

d) Altruista.

19. Las organizaciones que forman el Tercer Sector se pueden clasificar en cinco grupos. ¿Cuál no es uno de ellos?:

a) Movimientos Sociales.
b) Formas Tradicionales de Ayuda Mutua.
c) Asociacionismo juvenil.
d) Organizaciones no gubernamentales.

20. ¿Cuál es la definición de voluntariado?

a) Conjunto de actividades de interés general que contribuyen a mejorar la calidad de vida de la sociedad.
b) Conjunto de actividades de interés general que no contribuyen a mejo-rar la calidad de vida de la sociedad.
c) Conjunto de actividades de interés general que contribuyen a mejorar la calidad de vida de las personas y de la sociedad en general y a proteger y conservar el entorno.
d) Ninguna es correcta.

21. ¿Qué principios fundamentan la acción voluntaria?

a) Libertad, participación y solidaridad.
b) Libertad, participación y no gratuidad.
c) Libertad, participación y discriminación.
d) Todas son correctas.

22. Un equipo interdisciplinar se caracteriza por:

a) Ser un conjunto de profesionales diferentes con un objetivo común, diferenciados en el momento de realizar sus aportaciones, pero igualados en el tipo de intervención.
b) Ser un conjunto de profesionales diferentes con un objetivo común, igualados en el momento de realizar sus aportaciones, pero diferenciados en el tipo de intervención.
c) Ser un conjunto de profesionales diferentes con un objetivo común, igualados en el momento de realizar sus aportaciones y en el tipo de intervención.
d) Ser un conjunto de profesionales diferentes con un objetivo común, diferenciados en el momento de realizar sus aportaciones y en el tipo de intervención.

23. Uno de los requisitos para el logro de la interdisciplinariedad es:

a) Mayor colaboración entre distintas instituciones.
b) Cambios constantes en el personal para lograr más puntos de vista diferentes.
c) Una alta jerarquización, con diferente estatus según la profesión.
d) Todas son correctas.

24. ¿Cuál de los siguientes elementos favorece la interdisciplinariedad?

a) La hegemonía de un solo profesional sobre los demás que dirija el equipo.
b) Evitar los procesos de formación cruzada.
c) Potenciar foros y espacios de discusión y debate.
d) Todas son correctas.

25. Para realizar un trabajo en equipo desde una perspectiva interdisciplinar es necesario que dicho trabajo se desarrolle en etapas consecutivas. ¿Cuántas fases podemos considerar?

a) Dos.
b) Tres.
c) Cuatro.
d) Cinco.

Solución al test n.º 15

1. a) Inclusión.

2. b) Atención a la diversidad.

3. b) Centros ordinarios.

4. b) Medidas extraordinarias de atención a la diversidad.

5. c) Educación primaria y educación secundaria obligatoria.

6. b) Eliminan contenidos esenciales o nucleares y objetivos básicos que se consideran elementales para las diferentes áreas curriculares.

7. c) Es un proceso continuo de escucha y de aprendizaje orientado a conocer lo que es importante para la persona.

8. d) El plan tiene carácter dinámico y se basa en un proceso de escucha y aprendizajes continuos.

9. a) Carls Rogers.

10. a) Servicios sociales comunitarios y Servicios sociales especializados.

11. c) El estudio y diagnóstico social de la comunidad, que implica la detección y análisis de necesidades y demandas, explícitas e implícitas, en su ámbito de intervención.

12. d) Todas son correctas.

13. b) Consiste en un dispositivo especial conectado a la línea telefónica que permite contactar de forma inmediata con el servicio a través de un pulsador (tipo colgante o pulsera) desde cualquier lugar del domicilio.

14. c) La intensidad del servicio de Ayuda a Domicilio estará en función del Programa Individual de Atención y se determinará en número de horas mensuales de servicios asistenciales, mediante intervalos según el grado de dependencia.

15. d) Todas son correctas.

16. a) La cartera de servicios comunes.

17. b) Tercer Sector.

18. b) Público.

19. c) Asociacionismo juvenil.

20. c) Conjunto de actividades de interés general que contribuyen a mejorar la calidad de vida de las personas y de la sociedad en general y a proteger y conservar el entorno.

21. a) Libertad, participación y solidaridad.

22. b) Ser un conjunto de profesionales diferentes con un objetivo común, igualados en el momento de realizar sus aportaciones, pero diferenciados en el tipo de intervención.

23. a) Mayor colaboración entre distintas instituciones.

24. c) Potenciar foros y espacios de discusión y debate.

25. b) Tres.

Técnicas de prevención de accidentes y ergonomía en la escuela o centro y en las actividades complementarias al alumnado con necesidades especiales. Primeros auxilios y atención de emergencia al alumnado con necesidades especiales

1. La primera causa de muerte en niños de entre uno y catorce años de edad es:

a) Las enfermedades genéticas.
b) Las enfermedades cardiovasculares.
c) El cáncer.
d) Los accidentes infantiles.

2. Una de las pautas generales de actuación para prevenir accidentes, promoviendo al mismo tiempo la autonomía del niño es:

a) La mejor medida de prevención, especialmente cuando hablamos de niños muy pequeños, es la sobreprotección.
b) Hay que adecuar el entorno a las necesidades de los niños, de modo que puedan actuar con libertad sin que, por ello, corran peligro.
c) Si el entorno cumple con los requisitos de seguridad establecidos por la ley, podemos permitir que los niños hagan lo que quieran sin necesidad de establecer límites.
d) Ninguna de las anteriores es correcta.

3. Ante una emergencia sanitaria, el orden en que se deben valorar las funciones vitales es:

a) Primero la consciencia, luego la respiración y después la circulación.
b) Primero la respiración, luego la circulación y finalmente la consciencia.
c) Primero la circulación, luego la conciencia y después la respiración.
d) Primero la consciencia, luego la circulación y finalmente la respiración.

4. En un niño que está consciente, respira y tiene signos de circulación, son datos que sugieren gravedad todos los siguientes, excepto uno:

a) La frialdad extrema de la piel.
b) El llanto fuerte.

c) La respiración muy acelerada o muy lenta.
d) La coloración azulada.

5. Para comprobar si un lactante está consciente o inconsciente, se debe proceder a:

a) Colocarle un termómetro y medir su temperatura.
b) Observar la coloración de su piel.
c) Gritarle, llamándolo, y estimularlo, con golpecitos o pellizcos en hombros, brazos o plantas de los pies.
d) Contar su número de respiraciones por minuto.

6. Ante la posibilidad de que un niño esté inconsciente, si se comprueba que no responde (no se mueve, no llora, no habla, etc.) cuando se le estimula, lo que debe hacerse de inmediato es:

a) Gritar solicitando ayuda a las personas de alrededor y, de inmediato, abrir la vía aérea.
b) Iniciar masaje cardíaco.
c) Salir corriendo en busca de ayuda.
d) Dejarlo descansar unos minutos.

7. En las personas inconscientes debe abrirse la vía aérea. Para ello, generalmente se recurre a la maniobra:

a) De Heimlich.
b) De Blumberg.
c) De Kernig.
d) Frente-mentón.

8. La maniobra frente-mentón provoca la extensión del cuello; señala la respuesta más correcta:

a) Dicha extensión debe ser moderada en niños pequeños.
b) La extensión debe ser neutra en los lactantes.
c) La extensión del cuello en los adultos debe ser máxima.
d) Todas las respuestas anteriores son ciertas.

9. En el niño inconsciente, una vez abierta la vía aérea, se debe comprobar la respiración. Para hacerlo correctamente es apropiado recordar las palabras:

a) Gritar y sacudir (estimular).
b) Buscar signos de vida.
c) Ver, oír y sentir.
d) Insuflar.

10. Tanto para comprobar la respiración como para comprobar la circulación deben emplearse, como máximo:

a) 1 minuto.
b) 6 segundos.
c) 10 segundos.
d) 15 segundos.

11. Cuando se va a ventilar (es decir, a meter aire en la vía aérea) a un lactante, debe insuflarse aire en su:

a) Boca.
b) Nariz.
c) Orejas.
d) Boca y nariz, simultáneamente.

12. La relación compresiones-ventilación, en la edad pediátrica, es:

a) 30:2.
b) 15:2.
c) 5:2.
d) 15:1.

13. Cuando, por la causa que sea, acontece una hemorragia importante, la medida de Soporte Vital Básico a ejecutar es la:

a) Aplicación de torniquete.
b) Compresión local.
c) Vacunación.
d) Aplicación de pomadas.

14. Si un chico ha sufrido una breve pérdida de conciencia (desvanecimiento o desmayo), nunca debe hacerse algo de lo siguiente:

a) Aflojar las ropas, especialmente a nivel de cuello y abdomen.
b) Impedir la aglomeración de personas a su alrededor.
c) Arroparlo en caso de que tenga frío.
d) Tratar de ponerlo de pie.

15. En los chicos diabéticos que sufren mareo, desvanecimiento, dolor de cabeza (cefalea), malestar general, escalofríos o inquietud, se debe:

a) Dar azúcar, pues es probable que tenga hipoglucemia.
b) No dar nunca azúcar.
c) Ventilar boca a boca.
d) Dar masaje cardíaco.

16. En un chico que ha vomitado, una vez superado el episodio, y para prevenir que, en caso de que se repita, el vómito pase a la vía aérea, la posición a adoptar es:

a) Tendido boca abajo.
b) Incorporado o tendido de lado.
c) En cuclillas.
d) Tendido boca arriba con la cabeza más baja que los pies.

17. Frente a los envenenamientos, lo más importante a hacer es:

a) Prevenirlos.
b) Tranquilizarse.
c) Provocar siempre el vómito.
d) Facilitar la respiración de aire puro.

18. Ante un niño con fiebre, y antes de proceder a la preceptiva consulta médica, no se debe:

a) Aligerar al crío de ropa, colocándolo en una habitación a buena temperatura, donde no pase frío.
b) Colocarle compresas de agua fría o helada.
c) Evitar las friegas con alcohol.
d) Darle un baño con agua tibia, a la que se le va añadiendo agua fresca.

19. Si un niño sufre una crisis convulsiva, no se debe:

a) Tender al chico y evitar, en lo posible, que se golpee.
b) Sujetar fuertemente al chico, evitando los movimientos convulsivos.
c) Tratar de impedir que se muerda la lengua.
d) Vigilarlo en tanto llega la ayuda médica.

20. Si un chico sufre una herida, la actuación inicial incluye todo lo siguiente, excepto:

a) Tranquilizar y consolar a la víctima.
b) Limpiar la herida con agua o agua oxigenada abundantes.
c) Secar la herida, una vez limpia, con una gasa estéril.
d) Hurgar en las zonas más profundas por si hubiera restos de algún material que eliminar.

21. Ante un chico que ha sufrido quemaduras, del grado y extensión que sean, las medidas iniciales a ejecutar son todas las que se mencionan, excepto:

a) Retirar a la víctima de la fuente quemante.
b) Retirar todos los objetos adheridos a la piel, incluso aquellos que estén muy pegados.
c) Lavar con agua abundante durante 5-10 minutos (más si la quemadura es por una sustancia química).
d) Aplicar compresas estériles húmedas a toda la zona quemada, sin utilizar –en las quemaduras de tercer grado– ningún tipo de pomada.

22. Respecto a los traumatismos, señala la opción falsa:

a) Las contusiones son lesiones traumáticas derivadas de golpes que pueden afectar a la piel, sin romperla, o a órganos internos (cerebro, bazo, hígado, riñones, pulmón, etc.).

b) Los esguinces son lesiones traumáticas que afectan a los ligamentos que conforman las articulaciones (uniones de unos huesos con otros).

c) Las luxaciones son lesiones traumáticas que ocasionan la rotura parcial de un hueso.

d) Las fracturas son lesiones traumáticas que afectan a los huesos, consistentes en la rotura de los mismos.

23. Respecto a las contusiones, señala la opción verdadera:

a) Las que afectan a la piel se manifiestan especialmente por un gran sangrado local.

b) Las que afectan a la piel, casi siempre requieren intervención quirúrgica.

c) Las que afectan a órganos internos, rara vez pueden comprometer la vida.

d) Las que afectan a órganos internos pueden ser muy peligrosas, debiéndose inicialmente valorarlas evaluando la conciencia, la respiración y la circulación.

24. Los esguinces que con más frecuencia afectan a los niños son los de:

a) Tobillos y rodillas.

b) Tobillos y codos.

c) Codos y muñecas.

d) Tobillos y muñecas.

25. Una de las luxaciones más frecuentes en los niños pequeños es la que afecta a la articulación del:

a) Codo.

b) Rodilla.

c) Hombro.

d) Tobillo.

26. La mayoría de las lesiones por traumatismo requieren, como tratamiento inicial:

a) Lavado con agua abundante.

b) Cirugía urgente.

c) Transplante de órgano.

d) Inmovilización.

27. Ante la sospecha de fractura, nunca es conveniente:

a) Controlar la hemorragia y limpiar la herida (según lo expuesto en los apartados respectivos) en caso de fractura abierta.

b) Proceder a la inmovilización de la misma.

c) Trasladar a la víctima a un centro hospitalario.

d) Hacer reposar al afectado sobre la zona lesionada.

28. Las fracturas de miembros deben sospecharse por todo lo siguiente, excepto:

a) Inmovilidad absoluta e intenso dolor del miembro.

b) Color negruzco de la zona.

c) Deformidad del miembro, con posible acortamiento del mismo respecto al otro, y posterior hinchazón y hematoma locales.

d) Crujido (crepitación) de la zona en caso de manipulación.

29. Un método muy asequible para la inmovilización es el entablillado de la fractura; señala lo falso en lo referente a esto:

a) Puede recurrirse, para su confección, a materiales fáciles de conseguir: tablas, palos (de escoba, fregona, etc.), cartones rígidos...

b) Debe extenderse desde más debajo de la articulación inferior a más arriba de la articulación superior al hueso roto.

c) La sujeción de la tablilla puede hacerse con una venda o, en su ausencia, con tiras de tela, corbatas, cinturones...

d) La inmovilización siempre debe ejercer una presión fuerte sobre la zona lesionada.

30. Con respecto al ahogamiento o "casiahogamiento", señala lo falso:

a) Es una causa frecuente de muerte accidental en los niños, especialmente en los grupos de 1-3 años y 8-12 años.

b) Si el niño está consciente y sin aparente problema, no es necesario vigilarlo ni solicitar valoración médica.

c) Debe cuidarse la columna cervical y, al mismo tiempo, evitar que, de aparecer vómito, éste pase a la vía aérea.

d) Siempre debe considerarse la posibilidad de que el chico sufra una hipotermia, por lo que se debe facilitar el calentamiento.

31. Por lo que hace referencia al manejo inicial del niño que sufre la entrada de un cuerpo extraño en el ojo, señala lo falso:

a) Debe evitarse que el crío se frote los ojos.

b) Si a pesar del lagrimeo, el cuerpo extraño no sale espontáneamente, se debe efectuar un lavado ocular con agua tibia.

c) Si con el lavado no se logra sacar el cuerpo extraño, puede tirarse suavemente del párpado y, si se ve, tratar de sacarlo con una torunda o mecha de algodón o con la punta de un pañuelo limpio.

d) Si el cuerpo extraño está introducido en el propio globo ocular, debe extraerse a toda costa.

32. La actuación inicial ante un niño que presenta una hemorragia nasal no incluye:

a) Tranquilizar al niño e invitarle a mantener reposo absoluto en posición semiincorporado.

b) Comprimir la fosa nasal sangrante con los dedos y, aún mejor, con un paño empapado en agua fría, durante unos minutos.

c) Hacer que el chico se tumbe boca arriba.

d) Introducir, si no cede con lo anterior, una mecha de algodón empapada en agua oxigenada en la fosa nasal sangrante.

33. Entre las medidas que propone la la Asociación Española de Pediatría para evitar caídas y, con ello, traumatismos, no encontramos:

a) Utilizar vallas protectoras en escaleras, y colocarlas correctamente.

b) Colocar cunas, sillas, camas, sofás y otros muebles a los que pueda trepar el niño lejos de las ventanas.

c) Utilizar andadores.

d) Sujetar siempre al niño con las cinchas de seguridad en tronas, balancines, hamacas… En equipamiento con arneses elegir arneses de cinco puntos; son más seguros que los de 3 o de 4 puntos.

34. Señala la afirmación correcta sobre la prevención de intoxicaciones:

a) Las intoxicaciones agudas no intencionadas atendidas en los servicios de urgencias pediátricos suceden mayoritariamente por la ingesta de medicamentos y productos del hogar por parte de niños de ambos sexos menores de 6 años.

b) Un almacenamiento seguro de las sustancias potencialmente tóxicas elimina el riesgo de intoxicación en menor medida que la supervisión por los adultos.

c) Es preferible almacenar las medicinas en envases no originales que llamen menos la atención del niño.

d) Todas son correctas.

35. ¿Qué tipo de quemaduras son más frecuentes en la infancia, sobre todo en los niños menores de 2 años?

a) Las quemaduras eléctricas.

b) Las quemaduras solares.

c) Las quemaduras térmicas.

d) Las escaldaduras o quemaduras por líquidos calientes.

36. Entre las recomendaciones de la Asociación Española de Pediatría para prevenir el riesgo de asfixia no se encuentra:

a) El bebé debe dormir bocabajo.

b) El colchón de la cuna debe ser firme.

c) Debe evitarse colocar objetos dentro de la cuna.

d) La distancia entre las barras de la cuna no debe ser mayor de 6 cm.

37. Entre las medidas preventivas para evitar la ingestión de cuerpos extraños encontramos:

a) Debe procurarse que los niños no se lleven objetos extraños a la boca, ni monedas, ni imperdibles, ni pilas de botón, ni imanes. Para esto, lo mejor es no facilitar que jueguen con estas cosas.

b) Los niños no deben jugar ni distraerse con objetos que podrían ser peligrosos para ellos: de papel (servilletas, pañuelos) ni de plástico (envoltorios, paquetes de cigarrillos), en definitiva, ningún objeto de pequeño tamaño.

c) Conviene enseñar a los niños a masticar bien los alimentos.

d) Todas son correctas.

Solución al test n.º 16

1. d) Los accidentes infantiles.

2. b) Hay que adecuar el entorno a las necesidades de los niños, de modo que puedan actuar con libertad sin que, por ello, corran peligro.

3. a) Primero la consciencia, luego la respiración y después la circulación.

4. b) El llanto fuerte.

5. c) Gritarle, llamándolo, y estimularlo, con golpecitos o pellizcos en hombros, brazos o plantas de los pies.

6. a) Gritar solicitando ayuda a las personas de alrededor y, de inmediato, abrir la vía aérea.

7. d) Frente-mentón.

8. d) Todas las respuestas anteriores son ciertas.

9. c) Ver, oír y sentir.

10. c) 10 segundos.

11. d) Boca y nariz, simultáneamente.

12. a) 30:2.

13. b) Compresión local.

14. d) Tratar de ponerlo de pie.

15. a) Dar azúcar, pues es probable que tenga hipoglucemia.

16. b) Incorporado o tendido de lado.

17. a) Prevenirlos.

18. b) Colocarle compresas de agua fría o helada.

19. b) Sujetar fuertemente al chico, evitando los movimientos convulsivos.

20. d) Hurgar en las zonas más profundas por si hubiera restos de algún material que eliminar.

21. b) Retirar todos los objetos adheridos a la piel, incluso aquellos que estén muy pegados.

22. c) Las luxaciones son lesiones traumáticas que ocasionan la rotura parcial de un hueso.

23. d) Las que afectan a órganos internos pueden ser muy peligrosas, debiéndose inicialmente valorarlas evaluando la conciencia, la respiración y la circulación.

24. d) Tobillos y muñecas.

25. c) Hombro.

26. d) Inmovilización.

27. d) Hacer reposar al afectado sobre la zona lesionada.

28. b) Color negruzco de la zona.

29. d) La inmovilización siempre debe ejercer una presión fuerte sobre la zona lesionada.

30. b) Si el niño está consciente y sin aparente problema, no es necesario vigilarlo ni solicitar valoración médica.

31. d) Si el cuerpo extraño está introducido en el propio globo ocular, debe extraerse a toda costa.

32. c) Hacer que el chico se tumbe boca arriba.

33. c) Utilizar andadores.

34. a) Las intoxicaciones agudas no intencionadas atendidas en los servicios de urgencias pediátricos suceden mayoritariamente por la ingesta de medicamentos y productos del hogar por parte de niños de ambos sexos menores de 6 años.

35. d) Las escaldaduras o quemaduras por líquidos calientes.

36. a) El bebé debe dormir bocabajo.

37. d) Todas son correctas.

Cómo acceder al Curso

Auxiliar de Cuidadores
Test del temario

El uso de los códigos **es exclusivo de los compradores de los productos de Editorial MAD**. Cada producto posee un código único y de un solo uso. Es personal e intransferible y da acceso a servicios y contenidos adicionales. Editorial MAD se reserva el derecho de hacer cuantas comprobaciones sean necesarias para identificar al legítimo poseedor del código y dejar de dar servicio a quien haga uso fraudulento del mismo, además de emprender cuantas acciones legales estime oportunas según la legislación vigente.

Deberás acceder a:

mad.es/registro-campus

Si una vez aceptadas las condiciones de uso del Campus decides hacer uso del mismo, necesitarás del siguiente código de acceso junto con los códigos del resto de títulos que se exigen (si fuera el caso):

RTHD6QBI4X